Buch +

Ins Netz gegangen

Texte zu den Themen
Social Media,
Freundschaft und mehr

Herausgegeben
von Ulrike Schuldes

Mildenberger

Der Autor Olaf Büttner dankt der Medienpädagogin Joana Schenk für die fachliche Beratung.

Bestell-Nr. 540-24 ISBN 978-3-619-05424-4

© 2019 Mildenberger Verlag GmbH, 77610 Offenburg
www.mildenberger-verlag.de
E-Mail: info@mildenberger-verlag.de

3. Auflage 2025

Bezugsmöglichkeiten
Alle Titel des Mildenberger Verlags erhalten Sie unter: www.mildenberger-verlag.de oder im Buchhandel. Jede Buchhandlung kann alle Titel direkt über den Mildenberger Verlag beziehen. Ausnahmen kann es bei Titeln mit Lösungen geben: Hinweise hierzu finden Sie in unserem aktuellen Gesamtprogramm.

Konzept und Lektorat: Ulrike Schuldes, 88212 Ravensburg
Lesetraining: Dr. Birgitta Reddig-Korn, Constanze Velimvassakis
Redaktion: Maxi Gade
Umschlag- und Innenillustrationen: Veronika Gruhl, 80799 München
Grafik: Mildenberger Verlag GmbH

Druck: optimal media GmbH, 17207 Röbel/Müritz
Gedruckt auf umweltfreundlichen Papieren

Inhaltsverzeichnis

Ins Netz gegangen von Olaf Büttner 5

Texte zu den Themen Social Media, Freundschaft und mehr

Chatten 59

Cartoon: Cybermobbing 60

Achtung, Troll-Alarm! 61

Cybermobbing? Was wir tun können 64

Taffe Tipps fürs Netz 66

Das Handy-Experiment 68

Cartoon: WLAN 72

„Es ist cool, sich zu entschuldigen" 73

Studie zur Mediennutzung 76

Cartoon: Dinner 79

Internet-Beratung 80

Notfallkontakt/Telefonische Beratung 81

So kämpft „Fräulein Chaos" gegen Mobbing 82

(Cyber)Mobbing bei Jugendlichen (JIM-Studie) 86

Cartoon: Internet-Mobbing 87

Quellenverzeichnis 88

Lesetraining 89

Olaf Büttner

Ins
Netz
ge gen

Mit Bildern von Veronika Gruhl

Olaf Büttner wurde in Wilhelmshaven geboren.
Er absolvierte eine Ausbildung zum Drehbuchautor
an der Medienakademie Ludwigshafen. Sein Roman
„Sommersturm" erhielt den DELIA-Literaturpreis.
Sein Roman „Die letzte Party" war für den Hansjörg-
Martin-Preis als bester Jugendkrimi nominiert.
Neben seiner schriftstellerischen Tätigkeit arbeitet
er als Sozialpädagoge.

1

„Voll langweilig, oder?"

„*Yes!* Immer derselbe Quatsch in der Gruppe."

„Die Nachrichten sind langweilig."

„Oberlangweilig."

„Die Selfies sind langweilig."

„Mega!"

„Und die Leute sind langweilig."

„Absolut."

Frieda und ich hingen schon eine ganze Weile
in Friedas Zimmer ab. Wir lagen
auf dem roten Sofa und
spielten mit den
Handys rum. Und
was wir sagten,
meinten wir auch
so. Wir langweilten
uns ohne Ende.
Die ganze Welt
bestand nur noch
aus Langeweile.
Na ja, fast.

Für die Schule brauchten wir nichts mehr machen, bald gab es Zeugnisse. Und draußen war es so kalt, dass wir keinen Fuß vor die Tür setzen wollten. Friedas rotes Sofa war der gemütlichste Ort auf der Welt. Hier konnte man es supergut aushalten. Unsere Chat-Gruppe gab nicht mehr viel her. Seit fast alle aus der Klasse dabei waren, war sie nicht mehr spannend. Neue Fotos und Videos, die von den anderen kamen, guckten wir uns kaum noch an.

Immer der gleiche Käse. Vor allem von Nele. Sie war die Einzige in der Klasse, die wir nicht leiden konnten. Seit sie sich mit Philipp und Marcel aus der Siebten traf, hob sie immer mehr ab. Sie dachte, Wunder wer sie ist. Voll ätzend!

„Sag mal, Lisa, hast du schon mal was von QM gehört?", fragte Frieda plötzlich.

„QM? Was soll das denn heißen? Vielleicht Quark Mist?"

Wir kicherten.

„Oder Quatsch Matsch?"

Wir kicherten noch mehr.

„Ne", sagte Frieda, als wir uns wieder eingekriegt
hatten. Wir setzten uns auf dem Bett auf. Ich stieß
mir den Kopf an der Dachschräge. „Das heißt
Question Mark."

„Fragezeichen?" Genervt rieb ich mir die Stelle am
Hinterkopf.

„Genau. Das ist ein Chat mit Fotos drin und man
kann den Leuten persönliche Fragen stellen. Und
zwar a-no-nym." Sie sah mich erwartungsvoll an.

„Ach das", sagte ich. „Ja klar, davon hab ich schon
gehört. Keine Ahnung, was das bringen soll."

„Was das bringen soll?", wiederholte Frieda meine
Frage ungläubig. „Ist doch mega spannend. Vor
allem die Antworten." Sie stand auf und schaltete
Musik an.

„Und? Was willst du da fragen? Wie oft pupst du
am Tag?"

Wir kicherten wieder.

„Zum Beispiel, ja."

„Rülpst du im Schlaf?"

Wir gackerten so lange, bis es an der Tür klingelte.
Wir waren allein im Haus, Friedas Eltern arbeiteten
viel. Sie bekam mehr Taschengeld als die meisten
von uns, war aber oft allein.

„Wer kann das denn sein?", fragte ich.

„Keine Ahnung. Vielleicht Emil." Frieda stand auf und raste die Treppe hinunter. Ihr Pferdeschwanz wippte bei jedem Schritt.

Das mit Emil stimmte, er war es. Emil war der Nerd unserer Klasse. Wenn die anderen Jungs Fußball spielten oder Eishockey auf dem zugefrorenen See, hing er zu Hause vor dem Computer ab. Wo er auch nicht etwa Spiele spielte, sondern auf Wissensseiten rumsurfte. Oder er checkte neue Programme aus. Nichts, was einem normalen Menschen Spaß machte. Außer uns beiden hatte er keine Freunde.

Was allein schon komisch war: ein Junge, dessen einzige Freunde gar keine Freunde waren, sondern Freundinnen. Wobei „Freundinnen" übertrieben war. Wir ließen ihn ab und zu mit uns chillen. Weil er nicht so ein

Das ist total bescheuert.

blöder Angeber war wie die meisten Jungs.
Er störte nicht.

„Hi Lisa, hi Frieda", begrüßte er uns. Er setzte sich
auf den Stuhl am Schreibtisch. „Was geht?" Manchmal versuchte er, so cool zu tun wie die anderen.

„Wir haben gerade beschlossen, bei QM
mitzumachen", sagte Frieda.

„Aha", meinte ich. „Wusste ich ja noch gar nicht."

„Das ist total bescheuert", sagte Emil. „Kann ich
euch nicht empfehlen." Jetzt klang er schon eher
wie er selbst.

Sicher wäre vieles anders gelaufen, hätten wir
damals auf ihn gehört. Aber wer hört schon auf
einen Nerd? Und so wurde dieser Nachmittag
der Anfang einer Geschichte, die uns eine Weile
ziemlich in Atem halten sollte.

Kurzfassung

Frieda und Lisa finden ihre alte Chat-Gruppe
langweilig. Da ist Question Mark viel
spannender. Man kann Fotos einstellen
und Fotos von anderen anonym bewerten.
Frieda und Lisa wollen bei QM mitmachen.

2

Du siehst aus, als hättest du einen Frosch
gefrühstückt!

*Du siehst aus, als hättest du einen Frosch
gefrühstückt!*

Das war der erste Kommentar, den Frieda zu
einem der Selfies auf QM abgab. Das Bild zeigte
ein hübsches Mädchen mit grünen Haarsträhnen.
Ganz sicher schrieben ihr viele Jungs. Sie nannte
sich *1-2-3-Blablabla*. Das fanden wir witzig.
Wir drei saßen in der kleinen Eisdiele in der
Fußgängerzone. Die einzige, die auch im Winter
aufhatte. Deshalb war hier ziemlich viel los.
Draußen war es kälter als am Nordpol. Die Straßen
waren glatt, und immer wieder schneite es.
Vor uns standen Riesenbecher mit dampfendem
Kakao. Frieda hatte uns eingeladen.

„Warum schreibt die denn nicht zurück?", fragte sie ungeduldig. „Die muss doch sauer über meinen Kommentar sein."

„Wenn sie antwortet, wird alles öffentlich", erklärte Emil. „Dann kann jeder ihre Antwort und auch deinen blöden Kommentar lesen. Dumm scheint sie also nicht zu sein. Außerdem finde ich sie ..." Er wurde rot.

„Er findet sie hübsch", kicherte Frieda. „Ein hübscher Frosch. Du solltest sie küssen, Emil."

„Dann wird sie zur Prinzessin", ergänzte ich, etwas zu laut. Ein paar Leute drehten sich zu uns um.

„Jetzt wollen wir mal sehen, ob sie wirklich so schlau ist", sagte Frieda. „Ich wette, nicht."

Sorry!, schrieb Frieda. *Du siehst nicht aus, als hättest du einen Frosch gefrühstückt. Sondern eher ...*

„So. Jetzt warten wir mal ab."

1-2-3-Blablabla tappte in die Falle und fragte: *Sondern eher wie was?*

„*Yes!*" Frieda und ich klatschten uns ab. „Um was hatten wir noch mal gewettet, Emil?"

„Von wegen." Emil sah nicht von seinem Kakao auf. Er hatte die Arme auf den runden Tisch gestützt.

„Das ging jedenfalls ziemlich einfach", sagte Frieda und tippte weiter auf ihrem Handy. *In echt siehst du aus, als hättest du fünf fette Kröten gefrühstückt. Roh! Und zum Nachtisch Grashüpfer!*

„Das ist voll fies", sagte ich. „Poste das nicht."
Ich schlürfte den heißen Kakao.
„Zu spät!" Frieda grinste. „Aber wenn die so dumm ist, dann ist sie selber schuld."
Emil hatte sie den Post nicht gezeigt. Er horchte auf.
„Hast du sie jetzt etwa beleidigt?", fragte er empört.
„Quatsch", meinte Frieda. „Frösche sind eine Delikatesse. Sie zu essen, ist doch keine Beleidigung."
Sie kriegte ihr komisches Gesicht, ein bisschen spitz. Das bedeutete, dass sie sich nicht besonders wohlfühlte. Auch wenn sie versuchte, es zu verbergen.
Nach diesem Post haben wir erst mal nur noch freundliche Kommentare zu den Fotos

geschrieben. So was wie: *Schicke Ohrringe* oder *Wow, cooles Selfie.*

Aber Emil war trotzdem sauer, dass Frieda das mit den Fröschen geschrieben hatte.

„Ich finde es voll daneben, jemand zu beleidigen. Und dann auch noch jemand, den man gar nicht kennt."

„Natürlich, Papa", erwiderte Frieda grinsend.

„Wie gut, dass du auf mich aufpasst. Ich tu es auch nie wieder."

Dann sah sie mich an, als ob ich mit ihr lachen sollte. Hab ich aber nicht gemacht. Irgendwie hatte Emil ja recht. Genervt sprang er auf und ging nach draußen.

Kurzfassung

Eines der Fotos auf QM zeigt ein Mädchen mit grünen Haarsträhnen. „Du siehst aus, als hättest du einen Frosch gefrühstückt", schreibt Frieda. Sie findet das lustig. Aber Emil findet es voll daneben, jemanden zu beleidigen.

3

Auch wir zogen unsere dicken Jacken, Schals und Mützen an.

Die Hände gut in Handschuhen verstaut, gingen wir zu Frieda nach Hause. Draußen konnte man es kaum aushalten.

Die Kälte war klirrend. In dicken Wolken ballte sich der Atem vor unseren Gesichtern.

Wir legten uns auf Friedas Sofa und schrieben zum ersten Mal auf QM an ein paar Jungs. Die waren da viel weniger unterwegs, jedenfalls mit Foto. Aber einige gab es doch. Manche waren schon etwas älter.

„Der sieht ja süß aus", sagte Frieda bei *Bolle 12*.

„Na ja." Ich war eher skeptisch.

Frieda sah mich kurz an und schrieb dann:

Meine Freundin findet dich voll süß!

Er war online.

Wer ist deine Freundin? Und wer bist du? Seid ihr auch süß? ;-)

Durch seine Antwort war unser Chat öffentlich, aber wir waren ja anonym.

Wir sind die beiden schnuckeligsten Schnucke-
linchen überhaupt, antwortete Frieda. *Übrigens:*
Hast du schon mal geknutscht?
Ich bin fünfzehn!, schrieb *Bolle 12.*
Also nicht? Wir kringelten uns vor Lachen.
Beim ersten Mal war ich zwölf, schrieb er.
Angeber! ☺
Wenn du meinst *grins* … Wie alt seid ihr denn?
Bestimmt noch Kinder, oder?
„Hä?", sagte Frieda zu mir. „Was will der denn?"
Denk an die Regel: Wir stellen hier die Fragen.
Okay, schrieb er.
Mit wie vielen hast du schon geknutscht?, fragte
Frieda wieder.

*Damit du mich noch mal Angeber nennst? *grins*
Angeber!* ☺ Jetzt grinste Frieda.
☺
Und das waren alles Jungs?
Ich wusste nicht, warum sie das schrieb.
Sie kicherte sich weg.
Hä? Das dumme Gesicht, das er jetzt machte,
sah ich glatt vor mir.
Das heißt wie bitte! ☺
Wieso denn Jungs?
*Weil wir Jungs sind. Hatte ich das gar nicht
erwähnt?*
Jetzt gab es kein Halten mehr.
Wir lachten uns scheckig. Und *Bolle 12* hat sich
nicht mehr gemeldet. Nie wieder!
Wir aber auch nicht, schon klar.

Kurzfassung

Auf QM lernen Frieda und Lisa einen
Jungen kennen. *Bolle 12* ist angeblich
fünfzehn und hat schon mal geknutscht.
Lisa und Frieda machen sich über ihn lustig.
Bolle 12 meldet sich bald nicht mehr.

4

„Nur Kommentare zu schreiben, ist langweilig",
meinte Frieda am nächsten Morgen im Bus zur
Schule. „Ich melde mich nachher bei QM mit Foto
an. Mal sehen, was passiert."
Emil saß in der Reihe hinter uns. Aber nur weil
woanders kein Platz mehr frei war. Er war immer
noch sauer auf uns. Zumindest auf Frieda. Aber
irgendwie gehörten wir beide eben zusammen.
Man konnte nicht auf eine sauer sein und auf die
andere nicht.
„Was hat der denn?", fragte Frieda so leise,
dass er es nicht hören konnte.
„Er fand den ‚Papa' nicht wirklich witzig.
Da hättest du auch ‚Klugscheißer' sagen können,
wie die anderen alle."
„Ach so." Jetzt drehte sie sich zu ihm um. „Keine
Sorge. Ich glaub nicht in echt, dass du mein Papa
bist, Klugscheißer."
„Äußerst witzig", meinte Emil trocken. „Aber
das mit dem QM-Profil würde ich trotzdem nicht
machen."

„Nein, Papa", sagte sie so leise, dass nur ich es hören konnte. „Und warum nicht?", fragte sie laut. „Ich kenne viele, die schlechte Erfahrungen damit gemacht haben."

Der Bus ließ einige Leute raus und fuhr ruckelnd an. „Wer erzählt dir denn so was?", fragte Frieda. „Hast du etwa seit Neustem Freunde?"

Das war extrem fies. Ich stieß ihr den Ellenbogen in die Rippen. Emil guckte nur aus dem Fenster. Ich mochte ihn. Aber ein bisschen hatte Frieda auch recht. Oft hörte er sich altklug an. Und das konnte ganz schön nerven.

„Wenn man aufpasst, passiert schon nichts", sagte Frieda versöhnlich. „Was soll auch groß passieren? Beißen kann einen da ja keiner."

Wir lachten beide.

„Tu, was du nicht lassen kannst", sagte Emil genervt. „Echt großzügig, Papa." Plötzlich wirkte Frieda richtig sauer. Jedenfalls war sie laut geworden.

Ein paar andere drehten sich zu uns um. Natürlich auch die doofe Nele.

„Oh", sagte sie spöttisch, „Ärger im Hause Frisia?" So nannte sie uns immer. Eine verdrehte Mischung aus Frieda und Lisa. „Das kennt man ja sonst nicht. Ihr versteht euch doch dermaßen gut, dass einem schlecht davon wird."

„Bist wohl eifersüchtig. Dabei hast du doch deine Bodyguards Philipp und Marcel. Haben die etwa Durchfall oder wo sind sie gerade?"

„Ich würde es wirklich nicht tun", sagte Emil. Er war in Gedanken immer noch bei QM.

Kurzfassung

Jetzt will Frieda ein Foto von sich auf QM posten. Emil warnt sie. Er kennt Leute, die schlechte Erfahrungen damit gemacht haben. Aber Frieda glaubt ihm nicht.

5

Frieda hatte es nun noch eiliger, ein Selfie einzustellen.

Dass Emil ihr abgeraten hatte, schien ihr zusätzlich Dampf zu machen. Keine Ahnung, warum.

Manchmal hatte ich den Verdacht, dass Emil ihr wichtiger war, als sie zugab.

In der Pause legte sie den Arm um den Schneemann, der seit Tagen auf dem Hof stand.

„Selfie mit Schneemann", sagte sie und lachte. „Wenn das nicht cool ist."

Der erste Kommentar kam sofort: *Endlich mal jemand Nices! Und ich meine nicht den weißen Typ links *grins*.*

Und der nächste: *Du bist echt süß.*

„Siehste", sagte Frieda zu mir. „Geht doch."

Es klingelte und wir gingen zurück ins Klassenzimmer.

„Ich glaub, das wird noch ganz lustig", sagte Frieda.

„Das glaub ich auch." Insgeheim dachte ich darüber nach, wann ich selbst bei QM einsteigen könnte. Und Frieda erriet meine Gedanken.

„Und wann stellst du ein Bild von dir ein?"
Sie grinste mich an.
Frau Dirks kam in die Klasse, wir setzten uns.
„Wie kommst du denn darauf?" Ich fühlte mich
ertappt.
Ich wollte es nicht, aber Emils warnende Worte
hallten in meinem Kopf nach.

☺, schrieb Frieda an den User, der sie süß fand. Wir
hatten ihm den Namen *Quatschkopp 13* gegeben.
Das schien zu passen. Es war die nächste Pause.
Wir standen in der hinteren Schulhof-Ecke bei den
Büschen. Die Blätter daran waren erfroren. Friedas
Finger waren rot von der Kälte. Sie hatte keine

Handschuhe an. Ich las auf ihrem Handy mit.
Mit Friedas Smiley war der Chat öffentlich
geworden. Ich glaube, zuerst hat sie da gar nicht
dran gedacht. Und dann war es ihr peinlich, weil
sie nicht aufgepasst hatte.

Aber jetzt setzte sie noch einen drauf. Sie stellte
den QM-Link in unsere alte Chat-Gruppe. Jeder
konnte ihn nun anklicken. Vielleicht dachte sie,
dass es dadurch nicht mehr so peinlich wirkte.
Drei Sekunden später fragte *Quatschkopp 13*:
Wie alt bist du?
157 Jahre, antwortete Frieda. *Und 3 Tage.*
*Ganz schön alt *lol* - Schuhgröße?*
112.
„Spinnt der jetzt oder was?" Frieda hielt mir ihr
Handy direkt unter die Nase. Er hatte geschrieben:
Cool. Ich steh auf Mädels mit großen Füßen. –
Oberweite?
„Ups? Was ist das denn für einer?", sagte ich. „Nix
antworten. Chat löschen." Schon wieder musste
ich an Emil denken.
Sie nahm ihr Handy zurück. „Ich schreib ihm",
sagte sie wild entschlossen.

„Was willst du denn darauf antworten?" Ich war
so aufgeregt, dass ich die Kälte kaum noch spürte.
„Wart's ab."

Nervös wippte Frieda von einem Bein aufs andere.
Ich las mit, während sie tippte.

Zu meiner Oberweite, du Trottel: Mein
Kopfumfang beträgt IQ 130. Bei dir höchstens
dreieinhalb, oder?

IQ interessiert mich nicht, war die Antwort.
Diesmal ohne Smiley. *Das andere aber schon.*
Traust du dich nicht?

Kurzfassung

Frieda postet ein Selfie auf QM. Da schreibt
jemand: *Du bist hübsch.* Frieda setzt noch
einen drauf: Sie stellt den QM-Link in ihre
alte Gruppe. Jetzt will einer, den sie
Quatschkopp 13 nennt, Friedas Oberweite
wissen. Frieda antwortet schnippisch, aber
der Typ bleibt stur. Und alle anderen im
Chat bekommen das mit.

6

Na, fragte Nele nach der Schule in der Chat-Gruppe. *Was macht dein neuer Freund? Hast du sie ihm schon gezeigt, du blöde Kuh? Ach nee, da gibt's ja gar nix zu zeigen. *lol*

Frieda war so wütend, dass ich sie nicht von einer Antwort abhalten konnte. Wir waren auf der Heimfahrt im Bus. Einen Sitzplatz hatten wir nicht mehr gefunden. Die Straßen waren glatt.
Es fuhren viel mehr Menschen mit dem Bus als sonst.

Halt bloß die Klappe, selber blöde Kuh! Der Typ ist voll süß! Der hat nur Spaß gemacht. So einer schreibt dir niemals. Das schwör ich dir.

Frieda schaffte es locker, im Stehen zu schreiben. Obwohl der Bus ziemlich wackelte.
Ganz sicher nicht!, schrieb Nele zurück. *Weil ich nämlich nicht so doof bin, mein Bild da reinzustellen.*

Du bist bloß zu feige!
Besser feige als blöd.
Selber blöd.

So ging das noch eine Weile hin
und her. Ich hab mein Handy
ausgeschaltet und erst abends
zu Hause wieder angemacht.
Aber es war nicht besser geworden. Ganz im
Gegenteil. Andere aus unserer Chat-Gruppe
hatten sich eingemischt.
Irgendwie hatte Nele es geschafft, fast alle
auf ihre Seite zu ziehen. Das war komisch, denn
eigentlich war Frieda viel beliebter als sie.
Nele hatte nur die zickige Kira als Freundin. Und
natürlich Philipp und Marcel, die sie anhimmelten.
Dabei behandelte Nele sie, als wären sie ihre
Diener: „Trag mal meine Tasche, hol mal meine
Jacke." Und die Jungs machten alles, was sie sagte.
Frieda und ich konnten beide nicht ab.
Kira hatte sich als Erste eingeschaltet:
@Frieda: Wo bist du denn sonst noch so
unterwegs, um Jungs anzumachen?
Tussen-Club.de?
Ein paar andere hatten mitgemacht.

Ihre Kommentare waren
auch nicht besser.
Frieda hatte sich
gewehrt:
Ihr habt doch alle keine
Ahnung. Wenn ihr
wüsstet ...
Wenn wir was wüssten?
Nichts! Ihr seid noch voll
die Kinder!

Es war leicht zu erkennen, wie sauer Frieda war.
Auch ohne Selfie sah ich sie vor mir: Sie kochte
vor Wut!

Kurzfassung

„Na, was macht dein neuer Freund?", fragt
die zickige Nele im Chat. „Hast du ihm
deine Oberweite schon gezeigt?" Und bald
schreiben auch andere in der Gruppe fiese
Kommentare. Frieda kocht vor Wut.

7

Am nächsten Morgen fuhren
wir mit dem Rad in die Schule.
Die Straßen waren von Eis und
Schnee geräumt. Und neuer Schnee
war in der Nacht nicht gefallen. Die Luft knisterte
vor Kälte und war so klar wie Glas.
Wir redeten nicht. Das war extrem ungewöhnlich.
Frieda hatte irgendwas, das stand fest. Ich fragte
aber nicht nach. Auch mir war mulmig zumute.
Tausend Gedanken schwirrten durch meinen Kopf.
Und kein einziger davon fühlte sich gut an.
Als wir in die Klasse kamen, taten alle so, als
würden wir *nicht* hereinkommen. Es war, als
würde es uns gar nicht geben. Und ich wunderte
mich nicht mal darüber. Als ich am Morgen in
unsere Gruppe geschaut hatte, waren die
Beleidigungen nämlich heftig durch die Gegend
geflogen. Immer hin und her zwischen Frieda und
den anderen. Aber dann hatte es plötzlich
aufgehört. So plötzlich, als würde jemand eine
Schnur durchschneiden.

Und dieser Schnitt war Neles letzter Post:
Wer der jetzt noch schreibt, ist genau so eine
Tussi wie sie selbst. Übrigens, bei QM gibt's tolle
Neuigkeiten!
Dort hatte *Quatschkopp 13* nämlich an Frieda
geschrieben: *Poste doch mal ein Bild, auf dem*
du ganz drauf bist.
Und Frieda hatte tatsächlich ein Foto von sich
eingestellt. Darauf war sie etwa fünf Jahre alt.
So was fand sie lustig.
Nicht so'n Scheiß.
Von heute. Und auch
nicht in Klamotten.
Im Bikini oder so.
Frieda schrieb zurück:
Du hast wohl
'ne Meise! Lass mich
bloß in Ruhe!
Bild, oder es passiert
was, drohte er.
Haha! Sehr lustig!
In der Schule versuchte Frieda so zu tun,
als ob nichts wäre.
„Hallo", sagte sie laut zu allen.

Aber danach wurde es so still in der Klasse wie noch nie. Es war nicht leise, sondern wirklich still! Wie unter Wasser. Oder im Weltraum.

Mir taten davon die Ohren weh. Dann das Herz. Und schließlich der Bauch, und mir wurde schlecht. Ich schaffte es gerade noch zum Klo, um mich zu übergeben.

Kurzfassung

Am nächsten Morgen will in der Schule niemand mit Frieda und Lisa reden. Frieda hat für *Quatschkopp 13* ein Kinderfoto von sich hochgeladen. Das findet sie lustig. Aber der Typ will mehr. Er will sie im Bikini sehen.

8

*Du bist doch heute mit dem Rad in die Schule
gefahren, oder?*, schrieb *Quatschkopp 13*.
„Woher weiß der das denn?", fragte Frieda
verblüfft. Im Winter war sie fast immer blass.
Aber als sie das las, wurde sie weiß wie eine
Wand. Farblich passend zum Schnee, der nun
wieder in kleinen Flocken herabfiel.
„Der kennt dich!", sagte ich. Mir ging es zwar
wieder etwas besser, aber ich war garantiert auch
blass.
Mit deiner Freundin Lisa, schrieb er weiter.
„Der kennt uns beide!"

Die Schule war aus. Wir waren unterwegs zu den Rädern.

Das soll nur eine kleine Warnung sein ... war auf dem Handy zu lesen. *Dein Bild fehlt nämlich noch immer!*

Was meinst du mit Warnung?, fragte Frieda nervös.

„Er meint das hier!", kam ich *Quatschkopp 13* zuvor. Ich zeigte auf die Reifen an Friedas Rad, die beide platt waren.

Was soll das denn, du Vollpfosten?

Bild☺!

Vergiss es!

„Melde dich da ganz schnell ab", sagte ich zu Frieda, als die Reifen wieder aufgepumpt waren. Trotz der Kälte schwitzten wir in unseren dicken Klamotten. Endlich konnten wir starten.

„Auf keinen Fall", erwiderte Frieda entschlossen. „Dann hat der Typ gewonnen."

„Aber die anderen können das alles lesen. Das ist voll peinlich."

„Daran ist nichts mehr zu ändern. Aber ab jetzt schreib ich einfach nichts mehr."

Zu Hause konnte ich es nicht lassen, QM wieder zu öffnen.

Es gab ein neues Bild von Frieda. Allerdings nicht von ihr selbst gepostet, sondern von einer, die sich *Tussi* nannte. Es sah aus wie heimlich gemacht. Frieda beim Sport in der Schule. Sie hatte ihr Turnzeug an und warf gerade einen Ball. Tussis Text dazu war verwirrend:

Reicht das? Ich will nicht, dass du Frieda weiter nervst.

In diesem Moment bekam ich eine persönliche
Nachricht von Frieda: *Sag mal, hast du sie noch
alle?*
Und *Quatschkopp 13* schrieb: *Ganz schön knackig.*

Kurzfassung

Quatschkopp 13 scheint Frieda und Lisa zu
kennen. Er zersticht Friedas Fahrradreifen
als Warnung, weil er immer noch kein
Bikini-Bild von ihr hat. Auf QM taucht ein
neues Foto von Frieda auf. Von einer
sogenannten *Tussi* gepostet: Frieda beim
Sport in der Schule. *Tussi* will nicht, dass
Quatschkopp 13 Frieda weiter nervt.

9

„Du glaubst doch nicht wirklich, dass ich das war, oder?"

Ich ließ mich auf das andere Ende von Friedas Sofa fallen.

„Doch, nur du kannst *Tussi* sein. Wer sonst würde so was schreiben? Schließlich wollte mir da jemand helfen."

„Im Grunde war's ja keine schlechte Idee. Aber glaubst du im Ernst, dass ich mich *Tussi* nennen würde?"

Nach ihrer Nachricht war ich zu Frieda gerutscht. Im wahrsten Sinne des Wortes. Es hatte nun geregnet und dann gefroren. Zwei Mal war ich auf der spiegelglatten Straße ausgerutscht. Alles nur wegen Frieda. Aber wegen der *Tussi* grinste sie jetzt ein bisschen.

„Stimmt", sagte sie. „Ich sehe es ein. Das würdest du nie im Leben machen." Sie rückte ein Stück näher an mich heran. „Aber wer ist es dann gewesen? Wer will mir helfen und stellt sich dabei so dämlich an?"

„Emil!" Es kam mir vor wie eine Erleuchtung.

„Der und dämlich?" Frieda war skeptisch. „Das passt nicht zu ihm. Da nennst du dich noch eher Tussi."

„Er wollte dir helfen und hat nicht nachgedacht."

„Der und nicht nachdenken? Das passt erst recht nicht."

Die anonymen Kommentare auf QM häuften sich. Zuerst waren sie noch harmlos, aber schnell immer fieser.

*Da wäre ich gern der Fotograf gewesen. Ich wäre nur ein bisschen näher dran gegangen. *lol**

Stimmt, ist ziemlich unscharf.

Besser so! Da erkennt man ihre ekligen Schwabbel-Beine nicht so genau.

Die hat voll die Orangenhaut!

Näher dran? Seid ihr wahnsinnig? Da stinkt's übel nach Schweiß.

Das hält kein Schwein aus.

*Und wer weiß, wonach sonst noch. *lol**

Die duscht doch fast nie.

Neben der möchte ich nicht sitzen!

Arme Lisa!
Die stinkt genauso. Da riecht man selber nix mehr.
Die beiden sitzen nicht nur nebeneinander.
Sondern?
Die haben SEX!!!
Echt? Voll eklig!!
Mega-Tussis!
Blöde STINK-Mega-Tussis!!

Wie erstarrt saßen wir auf Friedas Sofa. Wer hatte
da so einen Hass auf uns? Waren das etwa alles
Leute, die wir kannten? Oder irgendwelche
Spinner, die sich wichtigmachen wollten?

Mindestens eine Minute lang wussten wir nicht, was wir sagen sollten. Echt nicht. Und diese Minute dauerte eine Ewigkeit.

Dann wurde Friedas Foto noch mal gepostet. Anonym und diesmal bearbeitet. Frieda war jetzt extrem dick. Ihre angebliche Orangenhaut konnte man sogar durch die Hose sehen.

Frieda in echt, stand darunter. *Ihre Mutter ist ein Nilpferd.*

War das nicht eher eine Elefantenkuh?, fragte jemand.

*Ich dachte immer, eine fette Sau. *lol**

Kurzfassung

Frieda ist sauer. Sie denkt, dass Lisa das Foto gepostet hat. Inzwischen stehen immer mehr Kommentare auf QM. Niemand will mit den beiden Mädchen mehr zu tun haben. „Das sind Mega-Tussis!" Frieda und Lisa sind entsetzt.

Und dann wird Friedas Foto noch einmal gepostet. Aber diesmal bearbeitet. Frieda ist darauf dick und hässlich.

10

„Hab ich euch gewarnt oder hab ich euch
gewarnt?"
Emil liebte solche Wortspiele. Aber wir waren
nicht in der Stimmung, darüber auch nur müde zu
grinsen. Nicht einmal Emil selbst.
Natürlich war er es nicht gewesen, der das erste
Foto bei QM eingestellt hatte. Nach zwei
Sekunden hatte er uns davon überzeugt.
Wir liefen auf dem zugefrorenen See Schlittschuh.
Das Eis war seit Tagen dick genug.
„War doch klar, dass Frieda so ein Post nur
schadet", sagte er.
„Aber wenn du es nicht warst, wer war es dann?"
„Dafür muss man ziemlich dumm sein, eine Tussi
eben …" Emil grinste sparsam und wurde plötzlich
ernst: „Oder ziemlich schlau."
Er fuhr ein paar Schritte schneller und ließ sich
dann wieder zurückfallen. Ein paar andere kamen
uns kichernd entgegen. An diesem sonnigen
Nachmittag war viel los, alle hatten gute Laune,
nur wir nicht.

„Natürlich!", rief Emil plötzlich. „*Tussi* ist gar keine Freundin, und auch kein Freund. Das Ganze ist ein Bluff. Von wegen: ‚Ich will nicht, dass du Frieda noch mehr tust.' – Alles Fake!"

„Du meinst, in Wirklichkeit…" Ich wusste sofort, was er meinte. Und ich ahnte, dass er recht hatte.

„Genau!" Emil blieb stehen. „Da will jemand Gift zwischen euch beide streuen. Hätte Frieda geglaubt, dass du das warst … Was wäre dann wohl passiert?"

„Wir hätten uns irre gestritten!" Ich rutschte weg.
Ich rutsche sonst nie weg. Jedenfalls nicht auf
Schlittschuhen.

„Stimmt!" Frieda half mir wieder hoch. Auch ihr
ging ein Licht auf. „Das hat jemand extra
gemacht."

Ich stand wieder. Aber jetzt war sie dran
mit dem Wegrutschen. Und beim Hochhelfen
fiel ich wieder hin. Wir lagen auf dem Eis
wie zwei Seehunde, die reden konnten.

„Aber wer?", fragte ich.

„Wer wohl? Drei Mal darfst du raten." Sie sah
mich an.

„Stimmt! Es kann niemand anders gewesen sein!"
Emil half uns beiden hoch. Er hatte mitgehört.

„Nele?", fragte er.

„Wer sonst? Es muss jemand aus unserer Klasse
gewesen sein. Schon wegen des Fotos."

„Das Bild ist vom letzten Sportfest", erwiderte
Emil. „Da war die ganze Schule dabei."

Langsam schlitterten wir weiter.

„Aber nur in unserer Klasse gibt es eine, die mich
hasst", sagte Frieda.

„Für so etwas muss man jemanden nicht
unbedingt hassen", sagte Emil superschlau.
„Dafür kann es auch ganz andere Gründe geben."
„Zum Beispiel?"
„Langeweile, Angeberei, Rache. Such dir was aus."
„Rache?", fragte ich. „Wofür denn?"
„Keine Ahnung. Manche Leute denken manchmal
etwas schräg." Jetzt war er dran mit dem
Hinfallen. Das sah ziemlich schräg aus. Aber wir
lachten nicht.

Kurzfassung

Die beiden Mädchen und Emil glauben, dass
Tussi keine Freundin ist. Irgendjemand will
Gift zwischen Frieda und Lisa streuen!
Damit sie sich streiten. Das kann nur die
zickige Nele gewesen sein. Sie hasst Frieda.

11

An diesem Tag hatten wir Glück und im Bus
wieder einen Sitzplatz ergattert.

„Du musst das alles deinen Eltern erzählen", sagte
ich zu Frieda. „Oder Frau Dirks. Die ist doch auch
nett."

Frau Dirks war unsere Klassenlehrerin. Sie war
noch ziemlich jung und immer voll auf Harmonie.
Man konnte mit jedem Problem zu ihr gehen.
Das wussten wir eigentlich alle. Trotzdem machte
es nie jemand. Keine Ahnung, warum.

„Nie im Leben", sagte Frieda.

„Aber warum denn nicht? Soll das ewig so
weitergehen?"

Ich hatte schon wieder Bauchschmerzen. Und die
ganze Nacht kaum geschlafen. Ich hatte ständig
darüber nachgedacht, warum alle plötzlich so fies
zu uns waren. Wir hatten doch niemandem etwas
getan.

„Weil das alles voll peinlich ist." Frieda war
blasser als je zuvor. „Meine Mutter würde
denken, ich bin selbst dran schuld. Mein Vater

würde zur Polizei gehen. Und Frau Dirks zu irgendeiner Beratungsstelle."

„Na und? Irgendwas muss schließlich passieren."

In der Schule redete wieder niemand mit uns. Kein einziges Wort. Alle drehten sich von uns weg. Nele war die Einzige, die etwas zu uns gesagt hat: „Sind eure Handys kaputt? Oder warum guckt ihr nicht drauf? Hier will keiner mehr was mit euch zu tun haben, klar?"

Mit ein paar von den anderen rauschte sie ab.

Ich schaute bei QM nach. Außer den üblichen Beleidigungen gab es nichts Neues. Aber beim

Blick auf unsere alte Chat-Gruppe fiel mir die Kinnlade runter. Nele hatte was Neues gepostet: *Zu meinem Geburtstag am Freitag lade ich euch alle herzlich ein! Alle außer Zicken.*

„Ich bin jedenfalls keine Zicke", sagte Emil, ohne zu lachen. „Ihr vielleicht?" Manchmal war er richtig cool.

Kurzfassung

Alle sind fies zu Frieda. Aber sie will nicht mit ihren Eltern oder der Klassenlehrerin darüber reden. Für sie ist das Ganze peinlich. Dann postet Nele eine Einladung zu ihrer Geburtstagsparty an alle. Nur Zicken sind nicht eingeladen ...

12

Neles Mutter begrüßte uns freudig, obwohl sie
uns gar nicht kannte. Wahrscheinlich weil Nele
eigentlich nicht besonders beliebt war. Normal
hätte sie vielleicht vier oder fünf Gäste
zusammengekriegt.

Aber seit der Geschichte auf QM war plötzlich alles
anders. Jeder schien ganz wild auf die dumme
Pute. Keiner wollte ihr nächstes Opfer sein.
Dabei wusste niemand genau, ob Nele wirklich
etwas mit der Geschichte zu tun hatte. In der
Chat-Gruppe hatte sie Frieda und mich fies
gemobbt, das stand fest. Aber hatte sie auch
etwas mit dem QM-Stalking zu tun? Frieda und ich
glaubten das, konnten es aber nicht beweisen.
Die Party fand im Gartenhaus von Neles Eltern
statt. Alle waren gekommen. Die ganze Klasse
und die Chat-Gruppe. Auch Neles Freund Philipp.
Seinen Kumpel Marcel sah ich nicht. Vielleicht
war er auf dem Klo.
Neles Mutter führte uns durch den vereisten Garten
zum Gartenhaus. Alles hing voller Laternen, das sah

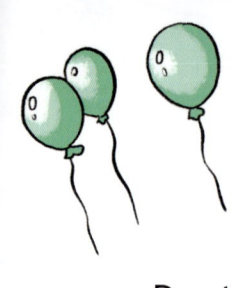

schön aus. Als wir plötzlich vor Nele standen, guckte sie wie ein Auto, nur nicht so schnell. Sie kriegte kein Wort über die Lippen.

„Da staunst du, was?", sagte Frieda. Und zu Neles Mutter: „Eigentlich wollten wir gar nicht kommen. Nele war so fies zu uns in letzter Zeit."

„Stimmt", bestätigte ich. „Richtig gemein. Aber jetzt können wir ja alles klären. Wird höchste Zeit."

„Lässt du uns bitte allein, Mama?" Nele hörte sich kleinlaut an.

Verwirrt blickte Neles Mutter uns an und verschwand dann im Haus.

Sofort drehte sich Nele wütend zu uns um.

„Ich hab doch gesagt…"

„Ja ja, Zicken sind nicht eingeladen", unterbrach Emil sie. „Aber ich sehe hier weit und breit keine. Es ist also alles in Ordnung."

„Entweder ihr zischt sofort ab", sagte Philipp, „oder…"

Emil stellte sich ihm in den Weg. „Oder was?" Ich hatte gar nicht gewusst, dass er so mutig ist. Alle schauten zu uns rüber. Die Luft knisterte. Aber nicht von der Kälte, denn das Gartenhaus war gut beheizt.

„Lass nur", sagte
Nele zu Philipp.
„Die zwei
verschwinden
gleich wieder."
Und laut zu den
anderen: „Oder
will sich vielleicht
jemand mit den
beiden unterhalten?" Ihre Stimme klang im
Gartenhaus wie in einem Pappkarton.
Einer nach dem anderen wandte sich wortlos ab.
„Das passt!", rief ich. „Ihr könnt feige im Netz
andere beleidigen. Aber keiner hat den Mumm,
uns was ins Gesicht zu sagen!"

Kurzfassung

Nele ist eigentlich unbeliebt. Aber die
ganze Klasse und die Chat-Gruppe kommen
zu ihrer Party. Frieda und Lisa auch. Sie
wollen die schreckliche Sache klären. Dass
Nele sie gemobbt hat, ist klar. Aber ob sie
auch die Stalkerin ist?

13

Die ersten wollten gehen. Aber Emil versperrte die Tür zum Garten.

„Draußen ist es viel zu kalt", sagte er, „um die Sache zu klären."

Alle Achtung! Einmal in Fahrt gekommen, war er nicht mehr zu bremsen. Dabei hatte ich immer gedacht, er wäre voll der Nerd. Einer der kneift, wenn es ums richtige Leben geht. Aber gut, dass ich mich getäuscht hatte.

„Was müssen wir klären?", fragte Nele schnippisch.

„Weiß irgendjemand, was wir klären müssen?"

Alle blieben stumm.

„Wir wollen feiern", erwiderte Philipp. „Nicht quatschen!"

„Und zwar ohne euch", sagte Nele. „Ohne euch *drei*. Nerds sind nämlich auch nicht eingeladen."

Emil trat ihr gegenüber. „Warum nennst du dich bei QM eigentlich selbst *Tussi*?", fragte er.

„Spinnst du jetzt total!?", schnauzte sie ihn an.

„Und wer sonst soll *Tussi* sein?", fragte ich und schaute in die Runde.

„Keine Ahnung", sagte schließlich jemand. Alle schüttelten den Kopf. Keiner wusste, wer *Tussi* war.

„Das muss ja nicht unbedingt jemand von uns sein!", rief Kira.

„Jede Wette, dass *Tussi* hier im Raum ist." Emil blieb unbeirrbar.

Ich sah Nele an, dass sie sich unwohl fühlte.

Philipp schaltete Musik an. Er wollte die Party eröffnen.

„Moment noch!", rief ich. „Wo ist eigentlich Marcel?"

„Der nervt", murmelte Nele. „Wir haben uns gezofft."

„Ist er vielleicht sauer auf dich?", fragte Emil, der Blitzmerker. „Weil er bei dir nur die zweite Geige spielt?"

Vielsagend sah Emil uns an. Wir hatten denselben Gedanken.

Emil nahm Nele zur Seite. „Jetzt mal ehrlich! Bist du *Tussi* oder bist du es nicht?"

Nele sah ihn eine Weile lang wütend an. Dann
aber veränderte sich etwas in ihrem Gesicht.
„Der ganze Quatsch in unserem Chat
tut mir echt leid", jammerte sie plötzlich.
„Das wollte ich nicht. Es ist einfach passiert.
Aber ich bin nicht *Tussi*. Ich schwöre es."
Sie riss sich zusammen, um nicht zu heulen.
„Wir waren noch nie Freundinnen", sagte sie
kleinlaut zu Frieda. „Aber das kann ich dir auch
direkt ins Gesicht sagen. Es muss jedenfalls nicht
anonym sein."

Sie lächelte ein kleines bisschen. Und Frieda lächelte genauso zurück. Man konnte es eigentlich kaum erkennen. Aber es war garantiert das erste Lächeln zwischen den beiden.

„Kann es sein, dass Marcel diese *Tussi* ist? Und dass er den Verdacht auf dich lenken wollte, um sich zu rächen?", fragte Emil. „Wo ist er eigentlich?"

„Ich hab ihn nicht eingeladen", sagte Nele.

In ihrem Gesicht ging ein ganzer Kronleuchter auf.

„Lass uns zu ihm fahren", sagte sie aufgeregt zu Frieda.

Kurzfassung

Bei Nele im Gartenhaus wollen alle nur feiern. Doch Emil fordert Nele heraus. Er will wissen, wer *Tussi* ist. Aber Nele und ihre Gäste haben keine Ahnung. Marcel fehlt auf dieser Party. Er hat sich mit Nele gezofft. Marcel ist sauer, weil sie Philipp cooler findet als ihn.

14

„Wer war denn *Quatschkopp 13*?", fragte ich Frieda zwei Tage später. Wir saßen wieder in der kleinen Eisdiele.

„Ein Erwachsener", antwortete sie. „Er wohnte seit Kurzem in unserer Nachbarschaft. Der hat auch andere Mädchen gestalkt. Aber inzwischen hat er sich der Polizei gestellt. Ich glaub, der ist irgendwie krank."

„Oh Mann. Dann hätte das ja auch viel schlimmer ausgehen können." Unsere Eisbecher mit den vielen Früchten sahen schon fast nach Sommer aus.

„Allerdings." Frieda klang trotzdem sehr bedrückt. „Ich hab echt einen Riesen-Dusel gehabt."

Eine Weile konnten wir beide nichts sagen. Der Schock saß tief. Wir rührten nicht mal das Eis an.

„Und Marcel war wirklich *Tussi*?", fragte ich schließlich und nahm den ersten Löffel.

Es schmeckte super.

„Ja. Alle sollten denken, Nele wäre es. So wollte
er sich an ihr rächen. Weil sie Philipp lieber mochte
als ihn."

Auch Frieda fing nun vorsichtig mit ihrem Eis an.

„Und was jetzt?", fragte ich. „Sollen wir etwa
einfach so tun, als wäre nichts passiert? Ich hab
noch immer Albträume. Und oft Panik, mein
Handy anzumachen."

„Am besten, wir reden noch mal mit Frau Dirks
über alles. Und die meisten haben sich auch schon
bei mir entschuldigt."

„Findest du, das reicht?", fragte ich. Ich fand
das nämlich nicht.

„Wir haben alle ganz schön viel Mist gebaut."

Für ein paar Sekunden vergaß Frieda ihr Eis.

„Wie wäre es mit einem Neuanfang?"

„Ich weiß nicht … aber du klingst ja fast schon so
weise wie Emil." Zum ersten Mal seit einiger Zeit
konnte ich wieder richtig lachen. Das war ein
schönes Gefühl.

„Wenn man vom Teufel spricht!", rief Frieda
fröhlich. „Guck mal, wer da kommt … Der Herr
Professor persönlich. Dem gebe ich jetzt ein
superfettes Eis aus."

Emil grinste. Friedas *Herr Professor* klang diesmal nicht so, als wollte sie ihn ärgern.

Kurzfassung

Alles hat sich geklärt. *Quatschkopp 13* war ein Erwachsener aus der Nachbarschaft. Er hat sich inzwischen der Polizei gestellt. Und Marcel war wirklich *Tussi*. Frieda und Lisa sind geschockt. Das Ganze hätte viel schlimmer ausgehen können. Sie wollen mit der Lehrerin über alles reden.

Tex zu den The
So   Me a, Freund
und mehr

Chatten

In einem Chat treffen sich viele Menschen und schreiben sich Nachrichten. So entsteht eine geschriebene Unterhaltung.

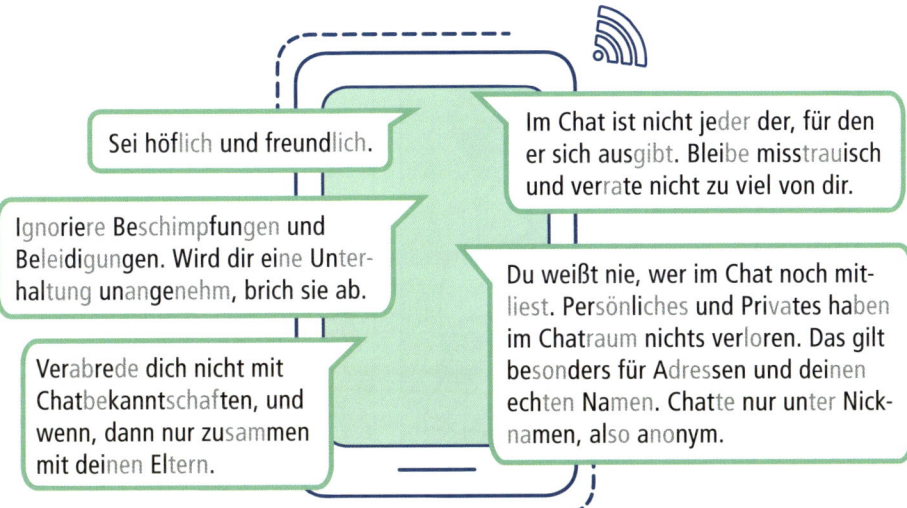

Sei höflich und freundlich.

Im Chat ist nicht jeder der, für den er sich ausgibt. Bleibe misstrauisch und verrate nicht zu viel von dir.

Ignoriere Beschimpfungen und Beleidigungen. Wird dir eine Unterhaltung unangenehm, brich sie ab.

Du weißt nie, wer im Chat noch mitliest. Persönliches und Privates haben im Chatraum nichts verloren. Das gilt besonders für Adressen und deinen echten Namen. Chatte nur unter Nicknamen, also anonym.

Verabrede dich nicht mit Chatbekanntschaften, und wenn, dann nur zusammen mit deinen Eltern.

Nutze moderierte Chats mit Moderatoren.

Ein Moderator ist jemand, der dafür sorgt, dass ein Gespräch für alle Teilnehmer gut verläuft. Denk an eine Gesprächsrunde im Fernsehen. Der Moderator vermittelt zwischen den Gästen, damit jeder zu Wort kommen kann. Er leitet das Gespräch. Oder er schlichtet ein Wortgefecht und greift ein, wenn jemand beleidigend wird.

Auch im Internet helfen Moderatoren, Unterhaltungen fair zu führen. Du findest sie in betreuten Chaträumen. Hier passen Moderatoren auf, dass Störenfriede und Menschen mit bösen Absichten niemanden belästigen.

Wenn dir jemand im Chat mal Angst macht oder dich beleidigt, dann gib sofort dem Moderator Bescheid!

Chatten © Internet-ABC e.V.

Für Eltern stellt jugendschutz.net eine Liste mit sicheren Chaträumen bereit.

Cybermobbing

Achtung, Troll-Alarm!

Im Internet pöbeln und stänkern Menschen mehr als außerhalb. Wie geht man damit um?

Du schaust gerade ein Video bei YouTube, als dein Blick auf die Kommentare darunter fällt. Du zuckst zusammen: Dort wird aufs Übelste gepöbelt! Dem einen Nutzer gefällt das Video nicht. Der nächste schreibt, die YouTuberin sei ja bescheuert. Der übernächste beleidigt den ersten: Der habe das Video wohl nicht kapiert! Die Beleidigungen werden immer schlimmer. Wahrscheinlich würdest du selbst dann gar nichts mehr dazu schreiben wollen, weil du Angst hättest, dass der nächste Nutzer dich auch angreift. Manche Menschen verhalten sich im Internet wie die fiesesten Tyrannen im Klassen-Chat: Sie schmeißen mit Beleidigungen nur so um sich. Oft tun sie das so lange, bis gar kein richtiges Gespräch mehr möglich ist. Dabei sollte das Internet eigentlich ein Ort sein, an dem sich Menschen friedlich austauschen können.

Aber es ist auch ein Ort, an dem es Menschen leichtfällt, sich mies zu benehmen. Das passiert ja schon im Klassen-Chat, weil man einander dort nicht ins Gesicht sieht und nicht merkt, was man mit

gemeinen Worten bei anderen anrichtet. Im Internet kommt noch hinzu, dass sich Menschen hinter Fantasienamen verstecken können. So getarnt trauen sich viele, Dinge zu schreiben, die sie sonst nicht öffentlich sagen würden.

Einige solcher Pöbler haben sogar Spaß daran, andere zu ärgern oder zu verletzen. Die werden Trolle genannt. Trolle können dir auf YouTube begegnen oder auch in Online-Games. Dort freuen sie sich darüber, anderen das Spiel zu vermiesen. Wenn du Nachrichten-seiten im Netz liest, triffst du sie auch dort in den Kommentar-spalten. Sie wollen andere absichtlich stören – überall, wo es geht.

Aber nicht jeder, der im Internet fiese Dinge von sich gibt, ist ein Troll. Vielen Menschen ist es auch ganz egal, ob sie andere ver-ärgern. Sie wollen schlicht ihre Meinung sagen – und tun das in einem sehr rauen Ton.

So raunzen sich zum Beispiel die Gegner und die Fans des US-Präsidenten Donald Trump in den sozialen Netzwerken an. Auch nach dem Rücktritt des Nationalspielers Mesut Özil wurde viel gestänkert. Einige Nutzer ätzten gegen den Deutschen Fußball-bund. Andere hetzten gegen Özil, weil seine Eltern aus der Türkei stammen: Er solle doch dorthin ziehen.

Hier ist aber eine Grenze erreicht: Jemanden wegen seiner Herkunft, Hautfarbe oder Religion zu beschimpfen hat nichts mehr mit Meinung zu tun. Das ist Rassismus, und der ist strafbar. Ebenso ist es, wenn jemand Drohungen schreibt. Denn dadurch wird nicht nur das Klima im Internet vergiftet – das friedliche Zusammenleben von Menschen insgesamt wird gestört. Alles, was im Netz besprochen wird, wirkt sich letztlich auch auf die Welt außerhalb aus.

Damit solche Taten bestraft werden, müssen die Pöbler aber bei der Polizei angezeigt und dann auch gefasst werden. Das passiert noch viel zu selten, sagen Experten. Deshalb suchen Politiker in Deutschland nach anderen Wegen, um endlich für mehr Ruhe im Netz zu sorgen.

Vor Kurzem haben sie daher ein neues Gesetz beschlossen, mit dem sehr langen Namen Netzwerkdurchsetzungsgesetz. Dieses Gesetz soll Firmen wie YouTube dazu bringen, dass sie sich mehr um das kümmern, was in ihren Kommentarspalten passiert: Sie müssen nun besonders schlimme Kommentare löschen, wenn die von anderen Nutzern gemeldet wurden.

Das Gesetz hat bereits etwas gebracht. Auf YouTube wurde zum Beispiel jeder vierte Kommentar gelöscht, der gemeldet wurde. Manchmal sehen Pöbler dann auch tatsächlich ein, dass sie sich im Ton vergriffen haben. Das ist wie mit den Tyrannen im Klassen-Chat: Auch da kann es ja helfen, sie zur Rede zu stellen und ihnen klarzumachen, was sie anrichten.

Ist dir im Internet schon mal etwas Blödes passiert?
Und was hast du dann gemacht?
Besprecht euch in der Klasse.

Das kannst du tun, wenn andere fies sind:

In allen Netzwerken kannst du gemeine Videos oder Kommentare bei den Betreibern der Plattformen melden. Wenn du selbst angegriffen wirst: Lass dich nicht einschüchtern. Mach Screenshots von den beleidigenden Posts, und notiere die Internetadressen. Dann sprich einen Erwachsenen an, dem du vertraust. In ganz schlimmen Fällen kannst du mit deinen Eltern die Polizei oder einen Anwalt einschalten.

FÜR KINDER UND ELTERN

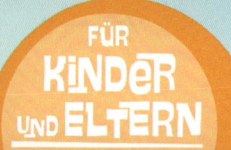

Cybermobbing?

Was wir tun können.

Ärgern auf dem Schulhof, Gemeinheiten hinter dem Rücken – Hänseln ist fast so alt wie die Schule selbst. Passiert es aber über das Internet, wird es Cybermobbing genannt. Nicht immer ist es leicht, zu erkennen, wo und womit es anfängt.

Besonders gemein daran ist, dass man beim Cybermobbing nicht immer gleich herausfindet, wer wirklich dahinter steckt – ganz anders als auf dem Schulhof oder im Verein.

Am besten, du tauschst dich mit deinen Eltern oder einer anderen Vertrauensperson aus, wenn dir etwas komisch vorkommt oder dir auffällt, wie jemand geärgert, beleidigt oder beschimpft wird. Was genau ihr gemeinsam tun könnt, legt ihr mit dem Erste-Hilfe-Plan fest.

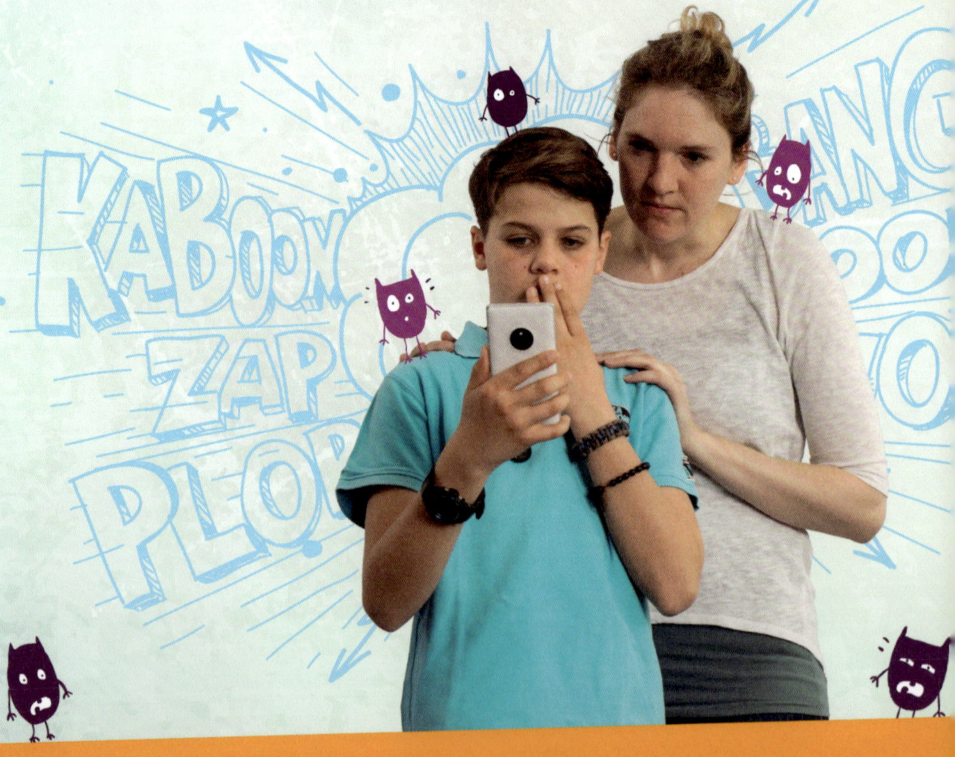

Erste-Hilfe-Plan

LESEN UND BESPRECHEN!

So weiß ich immer, was zu tun ist!
Besprecht den Erste-Hilfe-Plan und füllt ihn gemeinsam aus.

Vorsorge

Wir sprechen über die Erfahrungen, die ich in der digitalen Welt mache.

Meine Vertrauenspersonen sind:

- -

- -

Deutliche Anzeichen für Cybermobbing sind:

- -

Wir halten uns auf dem Laufenden. Denn wer über Cybermobbing Bescheid weiß, kann etwas dagegen tun.

Richtig handeln

Auf Beleidigungen und Angriffe reagiere ich nicht. Das heißt aber nicht, dass ich nichts tue.

Wir halten alle Vorfälle fest. E-Mails oder Nachrichten werden gespeichert. So kann der Vorfall bewiesen werden.

Ich suche mir Hilfe! - - - - - - - - - - und - - - - - - - - - - - können mir bei einer Lösung sicher helfen.

Fühle ich mich durch die Angriffe ernsthaft bedroht, verständigen meine Eltern die Polizei.

Mitgemacht – was nun?

Wir sprechen darüber, was passiert ist.

Stell dir mal vor, wie es wäre, selbst gemobbt zu werden.

Wir überlegen gemeinsam, wie eine Lösung aussehen kann. Eine ehrliche Entschuldigung ist oft der erste Schritt.

TAFFE TIPPS FÜRS NETZ

Sicher bist du in dem einen oder anderen sozialen Netzwerk unterwegs und tauschst dich mit deinen Freundinnen und Freunden aus. Auch wenn ihr euch kennt, ist es immer gut, darauf zu achten, was du schreibst und wie du es schreibst, um unnötige Missverständnisse zu vermeiden.

2. MIT 12 DARF ICH DAS!

Sicher? Einige soziale Netzwerke haben eine Altersfreigabe. Lies mit deinen Eltern die AGB* und macht euch dazu schlau.

1. SICHER UNTERWEGS!

Alle sozialen Netzwerke haben Sicherheitseinstellungen. Hier legst du fest, wer deine Seite sehen darf. Deine Adresse oder deine Telefonnummer gehen Fremde nichts an.

3. ERST ÜBERLEGEN, DANN POSTEN!

Noch schnell das Bild gepostet. Und ebenso schnell ist es gesehen und verbreitet. Dann merkst du, dass es dir peinlich ist. Also: Erst überlegen, dann posten.

4. NICHT FÜR ALLE GEDACHT!

Bevor du etwas in einem sozialen Netzwerk schreibst, überlege kurz, ob du das auch jedem auf dem Schulhof erzählen würdest.

5. SEI NETT!

Achte darauf, was und wie du schreibst, denn du siehst dein Gegenüber nicht. Eine Nachricht kann schnell mal falsch verstanden werden.

6. CYBERMOBBING NICHT MIT MIR!

Mobbing ist in sozialen Netzwerken genauso gemein wie auf dem Schulhof. Wenn du das beobachtest, melde es einer Vertrauensperson!

*AGB WAS IST DAS?

AGB ist die Abkürzung für Allgemeine Geschäftsbedingungen. Das sind wichtige Regeln, in denen bei sozialen Netzwerken beispielsweise das Nutzungsalter angegeben wird. Dort steht aber auch, was erlaubt ist und was nicht. Weitere taffe Tipps findest du auf unserer Webseite.

www.scroller.de

Das Handy-Experiment

Eltern wollen, dass Kinder nicht so viel an den Geräten hängen. Kinder sind genervt, weil ihre Eltern selbst immerzu das Smartphone in der Hand haben. Wer ist nun abhängiger von der Technik? Léo, 11 Jahre, und seine Mutter Nina, 42 Jahre, aus Köln haben beide einen Tag lang genau aufgeschrieben, wie oft, wie lang und wofür sie ihr Handy benutzen.

Der Sohn: „Ich hätte gern kein Zeitlimit"

Das sagt Léo vor dem Experiment: Ich hab seit eineinhalb Jahren ein eigenes Smartphone, inzwischen mit einem Vertrag, den bezahlt Mama. Jeden Tag darf ich insgesamt zwei Stunden Medien nutzen. Ich würde schätzen, ungefähr eine geht fürs Handy drauf. Ich schau damit vor allem Fotos und Videos, allerdings ist eine Jugendschutzsperre drauf. Manche Sachen kann ich erst sehen, wenn Mama sie freigibt. Und nachts muss mein Handy im Flugmodus sein. Meine Mama sagt, so ist die Strahlung weniger schädlich. „Stopp jetzt mal!" ist ein Satz, den ich von ihr oft höre. Wenn ich etwas von ihr will, hat sie häufig selbst ihr Smartphone in der Hand und sagt: „Ich muss noch kurz arbeiten, dann komme ich."

06:45 bis 07:30 Uhr Der Tag beginnt für mich mit dem Wecker des Handys. Ich stelle das Handy vom Flugmodus auf Empfang und bleib dann noch im Bett: Ich schau gern nach Hundebildern bei Instagram, checke das Wetter mit einer App, den Gegenstand-Shop von Fortnite, einem Spiel, das ich gern am PC spiele. Ich guck auch mal in den WhatsApp-Klassen-Chat, schreib da aber selbst wenig rein. Meistens hab ich dafür so zehn Minuten. Ich find es gemütlich, im Bett so den Tag zu starten. Manchmal vergesse ich dabei die Zeit, dann ermahnt mich Mama. Heute aber nicht. Bevor ich zur Schule los bin, hab ich das Handy noch mal rausgeholt, um zu sehen, wie spät es ist. In der Schule sind Handys bei uns streng verboten, wir dürfen es nicht mal bei Ausflügen zum Fotografieren benutzen. Deshalb stell ich es schon zu Hause aus.

07:55 bis 15:50 Uhr Das Handy bleibt bis nach der letzten Stunde in meiner Schultasche, ich gucke auch zwischendurch nicht drauf. Würde ich von einem Lehrer erwischt werden, wäre das Handy für ein bis drei Tage weg. Ich habe es nur dabei, falls irgendwas auf dem Schulweg sein sollte oder ich nach der Schule Mama anrufen muss, weil ich mich noch verabreden will. Meist fahre ich aber direkt nach Hause, da lasse ich das Handy noch stumm und im Flugmodus in der Tasche.

15:55 bis 18:00 Uhr Zu Hause setz ich mich aufs Bett und seh mir auf dem Handy verschiedene Sachen an. Das ist eine feste Gewohnheit, da nutze ich das Handy richtig, nicht nebenbei. Heute hab ich eine halbe Stunde YouTube- und Fortnite-Videos geguckt. Später hab ich noch mal so fünf bis zehn Minuten mit Freunden und mit Mama und meiner Schwester gechattet und Bilder bei Instagram angeschaut. Und ich habe eine Stunde mit Freunden telefoniert, während wir gleichzeitig am Computer gezockt haben. Wir spielen nämlich im Team.

18:45 bis 21:00 Uhr Nach dem Abendessen hab ich meiner Mama und meiner Schwester meine neuen Lieblingsbilder und Videos gezeigt. Das hat ungefähr zehn Minuten gedauert. Später hab ich in meinem Zimmer noch mal fünf Minuten bei Instagram Bilder angeguckt. Danach hab ich das Handy in den Flugmodus gestellt.

Handy-Zeit: etwa 125 Minuten, gut 2 Stunden

Fazit Léo:

Ich finde, ich war echt wenig am Handy. Klar, meine Spiele mache ich am PC, und nach zwei Stunden ist sowieso Schluss. Aber ich würde jetzt schon gern noch mal über meine Medienzeit verhandeln. Meine Schwester ist 16 Jahre alt, die hat gar kein Limit. Vielleicht kann meins ja zumindest eine halbe Stunde hochgesetzt werden?

69

Die Mutter: „Als wäre es an mir festgewachsen"

Das sagt Mutter Nina vor dem Experiment: Ich denke, dass ich mich gut mit dem Smartphone und digitalen Medien auskenne, deshalb gelten für mich keine Regeln. Ich nutze das Gerät, um Nachrichten zu lesen, unseren Alltag zu organisieren, und ich brauche es zum Arbeiten. Ich habe mein Handy eigentlich immer bei mir, versuche aber schon, ein Vorbild für Léo zu sein. Mich nervt, dass Léos Zockerei ständig ausufert.

06:55 bis 09:00 Uhr Das Handy weckt mich, es liegt eingeschaltet neben dem Bett. Wenn über Nacht Nachrichten angekommen sind, lese und beantworte ich die im Bett. Während ich Frühstück für die Kinder mache, schau ich nebenher, was in der Welt los ist, lese Nachrichten, checke das Wetter. Wenn die Kinder aus dem Haus sind, nutze ich Apps für den Haushalt; sie erinnern mich, was ich einkaufen und erledigen muss. Zusammengerechnet hab ich heute morgen zehn Minuten etwas mit dem Handy gemacht. Und dann war ich vor der Arbeit joggen und hab 45 Minuten Musik übers Handy gehört.

09:00 bis 13:00 Uhr Ich fahr mit dem Fahrrad zur Arbeit, in der Zeit hab ich das Handy mal nicht im Blick. Im Büro liegt es immer auf meinem Schreibtisch, und ich benutze es nebenher. Heute dafür: zehn Minuten WhatsApp (Nachrichten schreiben und Videos/Bilder verschicken, chatten mit Freunden), zehn Minuten Nachrichten checken (Facebook und ausländische Medien), eine Viertelstunde Instagram (Katzenvideos, Fotos; ich veröffentliche selbst nichts). Eine halbe Stunde habe ich das Handy dienstlich genutzt, für den Twitter-Account meiner Firma.

13:00 bis 16:00 Uhr Während und nach der Mittagspause geht es im Büro ähnlich weiter wie vormittags. Heute hab ich das Handy fünfmal zur Hand genommen. Zweimal war ich für fünf Minuten auf Instagram, eine halbe Stunde hab ich mit verschiedenen Leuten telefoniert und zweimal zehn Minuten mit WhatsApp verbracht – da habe ich auch mit meinen Kindern getextet.

70

16:00 bis 18:00 Uhr Wenn ich zu Hause aufräume und koche, hör ich dabei gern Podcasts. Heute auch, eine halbe Stunde lang. Und nebenher hab ich ungefähr zehn Minuten mit Freunden gechattet.

18:00 bis 20:00 Uhr Noch mal fünf Minuten chatten mit Freunden und zehn Minuten für verschiedene Apps, dann gab es Abendbrot. Beim Essen haben wir nicht die feste Regel, dass Handys nicht an den Tisch dürfen. Es funktioniert auch so. Danach sitzen wir oft noch zusammen und zeigen uns gegenseitig lustige Videos und Fotos. Heute haben wir ungefähr zehn Minuten so verbracht.

20:00 bis 23:00 Uhr Das Handy liegt da, wo ich gerade bin. Heute hab ich noch zehn Minuten mit Freunden geschrieben und gechattet. Im Bett seh ich mir über Netflix gern noch eine Serie auf dem Handy an. Oft schlaf ich aber nach zehn Minuten ein. Irgendwann werd ich noch mal wach, stell das Handy lautlos und leg es auf den Nachttisch.

Handy-Zeit: etwa 350 Minuten, fast 6 Stunden

Fazit Mutter Nina:

Ich wusste schon vorher, dass mein Handy mich immer begleitet. Wenn man es dann mal einen Tag genau aufschreibt, sieht das schon schlimm aus. Als wäre das Gerät an mir festgewachsen. Aber solange ich an den Wochenenden oder im Urlaub noch ohne Handy auskomme, mache ich mir keine Sorgen.

72

„Es ist cool, sich zu entschuldigen"

Das findet der Rapper Sido.
Er hat früher häufig Leute beleidigt.
Heute bereut er das.

Interview: Andrea Halter

Als wir uns vor Jahren zum ersten Mal zu einem Interview getroffen haben, warst du noch mit Totenkopfmaske unterwegs. Du hast mich damals ziemlich beleidigt.

Das hört sich leider sehr nach dem Sido an, der ich früher war. Ich habe als Rapper mit heftigen Texten angefangen und wollte auffallen und anecken. Habe ich dir mit meiner Beleidigung wehgetan?

Sido

heißt eigentlich Paul Würdig. Seine Freunde nennen ihn aber Siggi. Mit dem Lied „Astronaut", das er gemeinsam mit Andreas Bourani gemacht hat, war er wochenlang auf Platz 1 der deutschen Single-Charts.

73

„Früher wollte ich auffallen und anecken."

Ja. Ich habe zwar ganz cool getan, aber es hat mich richtig getroffen. Dabei habe ich gemerkt, dass du eigentlich nichts gegen mich hast. Du wolltest vor allem als harter Typ rüberkommen.

Das tut mir echt leid! Zu meiner Entschuldigung muss ich sagen, dass ich damals beim Reden nicht nachgedacht habe. Das passiert mir auch heute noch.

Ist schon okay. Du hast dich ja beim nächsten Interview entschuldigt. Damit war für mich alles wieder gut.

Das hat mir damals auch wirklich leidgetan. Mittlerweile habe ich gelernt, dass ich Sachen manchmal anders sagen muss. Aber ich versuche, dabei trotzdem immer ehrlich zu sein.

Wenn man ehrlich ist, ist man doch nicht automatisch beleidigend. Man kann doch auch ehrlich und freundlich sein, oder?

Auf jeden Fall. Heute denke ich immer darüber nach, wie ich mich verhalte. Und ich versuche, nicht nur meine Sicht der Dinge zu bedenken, sondern auch die der anderen. Wenn ich merke, dass ich einen Fehler gemacht habe, entschuldige ich mich. Auch wenn mir das nicht immer leichtfällt.

Ist Entschuldigen schwieriger als Beleidigen?

Ich glaube schon. Es ist schwierig, sich einzugestehen, dass man etwas falsch gemacht hat. Besonders wenn man lange auf seiner Meinung beharrt hat. Wenn man das dann aber zugibt und sich entschuldigt, ist das echt mutig.

Wie lange brauchst du, um einzusehen, dass du dich entschuldigen solltest?
Bei mir geht das ganz schnell. Es kann sein, dass ich mich streite und mich eine halbe Stunde später entschuldige. Ich fühl mich nicht gut, wenn ich weiß, dass ich Scheiße gebaut habe.

Manchmal trägt man sein schlechtes Gewissen lange mit sich rum. Ist es irgendwann zu spät für eine Entschuldigung?
Nein, bestimmt nicht. Für eine ehrliche Entschuldigung ist es nie zu spät. Ich habe vor ein paar Jahren reinen Tisch gemacht, als ich gemerkt habe, dass ich Leute mit meinen alten Liedern ziemlich verletzt habe. Da habe ich mich für alles, was ich bereue, entschuldigt. Das war schwierig, aber mir ist dadurch ein Stein vom Herzen gefallen, und danach habe ich mich richtig gut gefühlt.

Im Hip-Hop und Rap beleidigen sich die Rapper dauernd. Warum ist das so?
Das gehört beim Rap zum Programm. So wie die Kür zum Schlittschuhlaufen.

Wenn ihr euch so oft beleidigt, warum gibt es dann keine Entschuldigungs-Raps?
Wir entschuldigen uns eher hinter den Kulissen oder vielleicht mit einem Post bei Twitter. Ich glaube, das liegt daran, dass die meisten Rapper Männer sind. Bei denen hat es sich immer noch nicht rumgesprochen, dass es cool ist, sich zu entschuldigen.

Hast du schon einmal einen Text darüber geschrieben?
Ich rappe demnächst mal eine Strophe zu dem Thema.

75

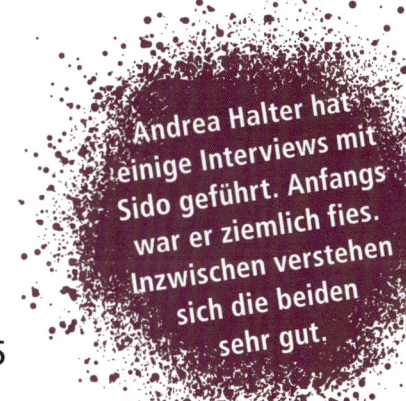
Andrea Halter hat einige Interviews mit Sido geführt. Anfangs war er ziemlich fies. Inzwischen verstehen sich die beiden sehr gut.

Studie zur Mediennutzung: Die Hälfte aller Neunjährigen besitzt ein Handy.

Sie lesen lieber auf Papier, doch die Bedeutung digitaler Geräte nimmt mit steigendem Alter rasant zu: Forscher haben die Mediennutzung von 6- bis 13-Jährigen analysiert.

Sie spielen mit Puppen oder kuscheln mit ihren Teddybären, sie fahren Fahrrad oder treffen sich mit Freunden – und irgendwann texten sie lieber Nachrichten und schauen Serien: Je älter Kinder werden, desto wichtiger werden Smartphones, Tablets und Computer für sie. Zu diesem Ergebnis kommt die „Kinder-Medien-Studie 2018".

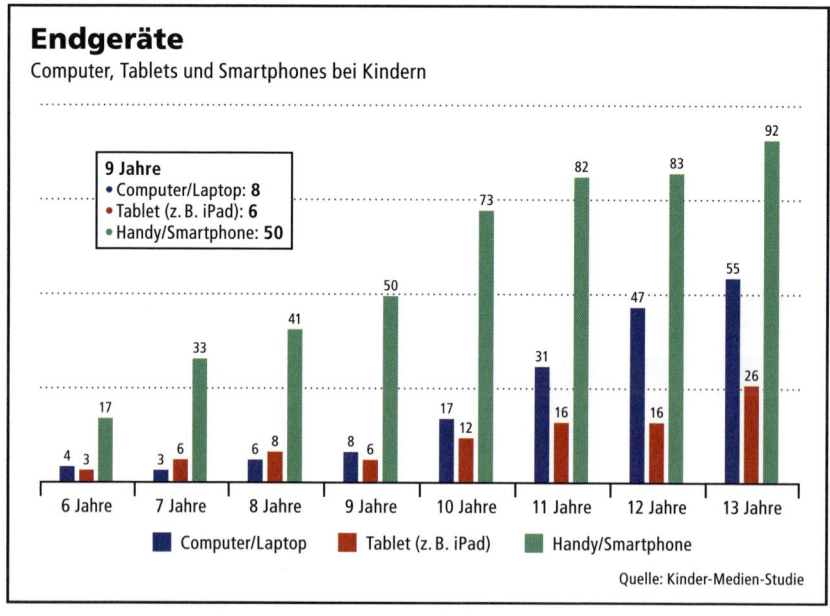

Endgeräte
Computer, Tablets und Smartphones bei Kindern

9 Jahre
• Computer/Laptop: **8**
• Tablet (z. B. iPad): **6**
• Handy/Smartphone: **50**

	6 Jahre	7 Jahre	8 Jahre	9 Jahre	10 Jahre	11 Jahre	12 Jahre	13 Jahre
Computer/Laptop	4	3	6	8	17	31	47	55
Tablet (z. B. iPad)	3	6	8	6	12	16	16	26
Handy/Smartphone	17	33	41	50	73	82	83	92

■ Computer/Laptop   ■ Tablet (z. B. iPad)   ■ Handy/Smartphone

Quelle: Kinder-Medien-Studie

76

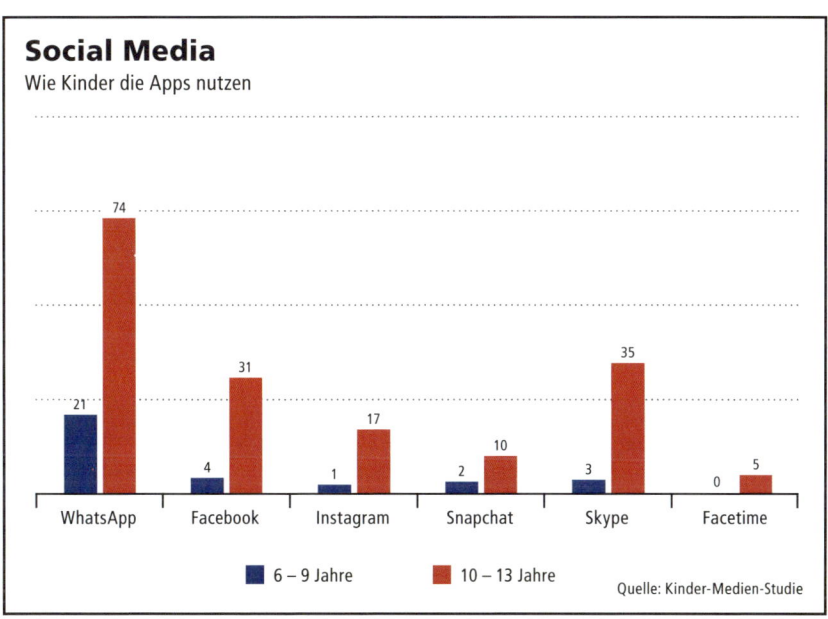

Social Media
Wie Kinder die Apps nutzen

	WhatsApp	Facebook	Instagram	Snapchat	Skype	Facetime
6 – 9 Jahre	21	4	1	2	3	0
10 – 13 Jahre	74	31	17	10	35	5

■ 6 – 9 Jahre   ■ 10 – 13 Jahre

Quelle: Kinder-Medien-Studie

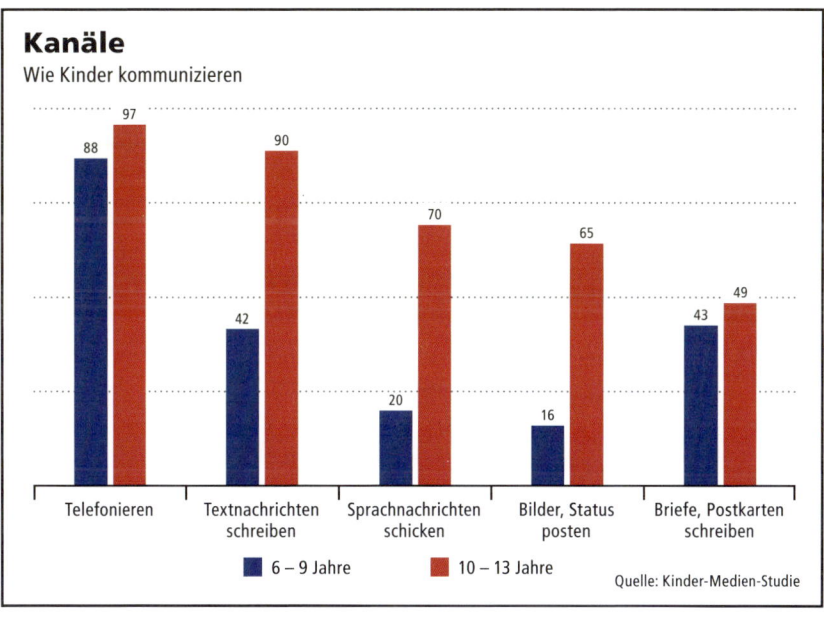

Kanäle
Wie Kinder kommunizieren

	Telefonieren	Textnachrichten schreiben	Sprachnachrichten schicken	Bilder, Status posten	Briefe, Postkarten schreiben
6 – 9 Jahre	88	42	20	16	43
10 – 13 Jahre	97	90	70	65	49

■ 6 – 9 Jahre   ■ 10 – 13 Jahre

Quelle: Kinder-Medien-Studie

Im Rahmen der Studie wurden den Kindern auch offene Fragen gestellt. Zum Beispiel, was für sie das Internet ist:

„Wenn ich etwas nicht weiß, fragen meine Mutter und ich das Internet. Das Internet weiß alles."

„Das Internet ist das coolste Medium, das es gibt. Es kennt alle Geheimnisse, weiß Antwort auf jede Frage."

„Eine der besten Wissensquellen. Meine Eltern mussten noch im Duden blättern."

„Das ist so ähnlich wie Fernsehen, nur dass man da direkt von daheim aus mitmachen kann."

„Ein neues Medium, ich kann mich mit vielen Leuten unterhalten, die in anderen Ländern leben. Es ist interessant."

„... wie ein unendliches Gehirn – und auch Zeitvertreib."

„Internet ist YouTube, WhatsApp, Instagram, Twitter."

„Wie Fernsehen, aber man kann die Uhrzeit selbst bestimmen, wann man was erfahren will. Und man kann auch normale Leute dort antreffen, nicht nur Stars."

INTERNET-BERATUNG

- **youth-life-line.de/home.html**
Hilfe von geschulten Jugendlichen für Kinder, Jugendliche und junge Erwachsene, komplett anonym, Antwort innerhalb von drei Tagen.

- **youpod.de**
Vertrauliche E-Mail-Beratung, Kontakt über deine E-Mailadresse, unter dem Stichwort „Gewalt" findest du auch Infos zu Mobbing/Cybermobbing.

- **save-me-online.de**
Beratung bei mieser Anmache, Cybermobbing, ungewollter Zusendung von Pornos, Gewalt übers Handy oder anderen sexuellen Übergriffen, Kontakt über ein Formular.

- **jugendnotmail.de**
Online-Beratung anonym und kostenlos für Kinder und Jugendliche aus Deutschland, Österreich und der Schweiz, auf deutsch und türkisch! Einzelberatungen durch Fachleute per E-Mail.

- **schulpsychologie.de**
Kontakt per E-Mail zum Schulpsychologen deines Wohnortes.

- **schueler-gegen-mobbing.de**
Forum, in dem sich Mobbing-Opfer austauschen können, angeboten von einem Studenten, selbst Mobbing-Erfahrungen gemacht hat.

- **I-KiZ – Zentrum für Kinderschutz im Internet**
Viele Angebote zu Telefon- oder E-Mail-Beratungen, Meldeformular für Seiten oder Links, die dich verstören, ängstigen oder die du bedrohlich findest.

NOTFALLKONTAKT

- **www.juuuport.de**
Beratung von Jugendlichen für Jugendliche

- **www.nummergegenkummer.de**
Kostenfreie Beratung für Kinder, Jugendliche und Eltern

- **www.buendnis-gegen-cybermobbing.de**
Umfangreiche Informationen zu Ursachen und Auswirkungen von Cybermobbing

TELEFONISCHE BERATUNG

Nummer gegen Kummer

Telefon für Kinder:
0800 111 0333 oder vom Handy: **116 111**
Sprechzeiten: Mo. bis Sa. 14.00 – 20.00 Uhr
(am Samstag beraten Jugendliche die Anrufer)
Die Nummer gegen Kummer ist in Deutschland kostenlos, der Anruf erscheint nicht auf der Telefonrechnung und du kannst anonym bleiben.

Telefon für Eltern:
0800 111 0550
Sprechzeiten: Mo. bis Fr. 9.00 – 11.00 Uhr,
Di. und Do. 17.00 – 19.00 Uhr

So kämpft „Fräulein Chaos" gegen Mobbing

Am zweiten Tag der zweiten Woche des zweiten Monats im Jahr findet in vielen Ländern ein Aktionstag statt. Er heißt: Safer Internet Day. Auch in Deutschland gibt es ihn und er wird von vielen Politikern unterstützt. Sie wollen mit dem Aktionstag auf die Gefahren des Internets hinweisen.

Mobbing ist ein großes Problem. Viele Nutzer beschimpfen und beleidigen andere aufs Schlimmste. Eine junge Frau macht im Internet darauf aufmerksam. Im Interview erzählt sie, wie sie mit Hass-Kommentaren umgeht.

Sina, du sprichst auf deinem YouTube Channel „Fräulein Chaos" über Dinge, die viele Mädchen nur ihrer besten Freundin erzählen würden. Warum machst du das so öffentlich?
Ich habe die Erfahrung gemacht, dass Leute unter meine Videos viele Kommentare schreiben. Mit der Zeit haben sich immer mehr Leute beteiligt und so sind dann tolle Diskussionen entstanden. Für mich ist YouTube die perfekte Plattform, um meine Meinung zu sagen – aber auch, um die Standpunkte von anderen einzuholen.

Aber trotzdem bist du ja diejenige, die offen erzählt, dass sie früher in der Schule gemobbt wurde oder unter der Krankheit Depression leidet. Macht dir das nichts aus?
Nein, wenn ich den Menschen damit helfen kann, dass ich meine Geschichte erzähle, mache ich das gerne. Manche

fühlen sich verstanden, weil sie Ähnliches durchmachen wie ich. Es ist doch toll, helfen zu können.

Oft erzählst du als „Fräulein Chaos" in den Videos ja auch von deinem Freund, zum Beispiel über den Heiratsantrag, den du ihm gemacht hast. Findet er das okay, wenn du so persönliche Sachen sagst? Ich spreche ganz offen mit ihm drüber. Wenn ich vorhabe, etwas zu drehen oder zu erzählen, was mit ihm zu tun hat, muss er immer sagen, dass es für ihn in Ordnung ist. Denn dann habe ich die Verantwortung.

Warst du von Anfang an so offen?
Nein, das ist mit der Zeit mehr geworden. Ich habe mit 19 angefangen, Comedy für Gamer auf YouTube zu machen. Das erste schwierige Thema, das ich angesprochen hab, war das Mobbing in der Schule. Das war für mich ein richtiger Befreiungsschlag: das so öffentlich zu sagen.

Aber ich wollte den Leuten auch erzählen, dass ich es geschafft habe und dass es mir wieder besser geht. Ich habe diese Geschichte erzählt, um damit abzuschließen. Auf dieses Video kamen viele großartige Reaktionen und Leute haben in den Kommentaren über ihre eigenen Erfahrungen gesprochen. Von da an habe ich mich getraut, mehr und mehr über Sachen zu reden, die mich beschäftigen.

Was würdest du Kindern und Jugendlichen raten, die selbst gemobbt werden?
Das Wichtigste ist, darüber zu reden, zum Beispiel mit Freunden. Am besten sollte man mit den Eltern oder dem Vertrauenslehrer sprechen. So war das damals auch bei mir. Ich habe mich meinen Eltern anvertraut, wir haben zusammen einen Brief an die Vertrauenslehrerin geschrieben und uns dann mit der Schulleiterin unterhalten. Ich habe den Wunsch geäußert, die Schule zu wechseln.

Auf der neuen Schule war dann plötzlich alles besser. Das ist natürlich nicht bei jedem so, aber mir hat es geholfen. Wenn das Mobbing sehr schlimm ist, muss man im Ernstfall auch mit der Polizei sprechen. Man darf das nicht einfach hinnehmen, sondern muss sich Hilfe suchen.

Gibt es denn überhaupt Dinge, über die du als „Fräulein Chaos" nicht sprichst und die du nur mit deinen Freundinnen bequatschst?
Natürlich. Das hat doch jeder. Ich würde zum Beispiel nicht über familiäre Dinge sprechen. Oder über andere Dinge, die wirklich privat sind und bei denen keiner was davon hat, wenn er es weiß.

Hast du denn durch deine Offenheit auch schon mal schlechte Erfahrungen im Internet gemacht?
Ja, auf jeden Fall. Ich bekomme zum Beispiel Kommentare von sogenannten Hatern. Die schrei-ben, dass ich hässlich und dick bin oder dass mich niemals jemand heiraten wird. Und manchmal belei-digen sie mich noch viel schlimmer. Ich hatte auch mal einen richtigen Shitstorm: Da habe ich nämlich ein Video zu-sammen mit Flüchtlingen gemacht. Ich wollte zeigen, dass Flüchtlinge auch ganz normale Menschen sind. Die haben dann ihre Geschichte erzählt, wo sie herkommen und was sie so erlebt haben.
Das fanden manche Leute nicht so toll, die haben fremdenfeindliche Kommentare gepostet und mir schlimme Sachen angedroht. Das war schlimm. Das Gute an der Sache ist aber, dass ich mit dem Video jetzt für den deutschen Politik-Preis nominiert wurde.

Wie gehst du denn mit den Hatern um?
Am Anfang war das richtig schlimm für mich, wenn jemand etwas Blödes gesagt hat. Aber mit der Zeit habe

ich gelernt, damit umzugehen. Ich habe herausgefunden, dass die meisten Leute, die so was schreiben, einfach nur Langeweile haben. Die denken, dann bekommen sie mehr Aufmerksamkeit. Wenn jemand gute Kritik bringt, dann antworte ich auch richtig.

Aber wenn die Leute einfach nur Hass-Kommentare schreiben, dann poste ich dahinter ein „Okay" mit einem Herzchen. So entschärfe ich das, bleibe aber trotzdem nett. Durch so etwas bin ich stärker geworden. Und natürlich durch die ganzen lieben Kommentare.

Was würdest du Kindern und Jugendlichen raten: Wie viel darf man im Internet von sich preisgeben?

Ich würde auf jeden Fall davon abraten, zu persönlich zu werden. Ich hab zuletzt den Stream von einer Zwölfjährigen gesehen. Dort hat sie erzählt, wo sie zur Schule

geht und was sie so macht. Das ist total gefährlich! Wenn man noch nicht volljährig ist, sollte man auf keinen Fall verraten, wie alt man ist, denn das ruft gefährliche Leute auf den Plan.

Und niemand sollte wissen, wo du wohnst oder was du für Hobbys hast. Es gibt nämlich Leute da draußen, die das zu Mustern zusammensetzen können. Die stehen dann plötzlich vor deiner Haustür. Das ist mir zwar noch nicht passiert, aber ich habe mal bei Instagram gepostet, dass ich mir ein neues Tattoo stechen lasse – und auf einmal stand da jemand vor dem Studio, weil der wusste, dass ich da bin. Das war ganz gruselig. Deswegen poste ich inzwischen nichts mehr live, sondern immer erst am nächsten Tag.

(Cyber)Mobbing

bei Jugendlichen, laut JIM-Studie 2018
(befragt wurden 1200 Jugendliche)

34 %

> Wir kennen jemanden, der schon einmal im Internet oder über das Handy fertiggemacht wurde.

12 – 19 Jahre

> Über mich wurden falsche oder beleidigende Inhalte per Handy oder im Internet verbreitet.

20 %

11 %

> der befragten Jugendlichen: Es wurde schon peinliches oder beleidigendes Bildmaterial verbreitet, auf dem ich zu sehen war.

Cartoon Internet-Mobbing © Karsten Schley

Bildquellenverzeichnis

S. 61 – 63   Troll am Laptop © Memoangeles – Shutterstock
bunte Trolle © Memoangeles –123rf
S. 64 – 67   © Helliwood media & education Berlin, SCROLLER – Das Medienmagazin
für Kinder, 2/2016, S.16-19; ein Angebot von Teachtoday, eine Initiative
der Deutschen Telekom zur Förderung der sicheren und kompetenten
Mediennutzung: scroller.de; Jahresringe © Ailisa – Shutterstock
S. 73   Sido © Murat Aslan; Farbsplash © vectortatu – Shutterstock
S. 86   Menschen mit elektronischen Geräten © Leremy – Shutterstock,
verschiedene Figuren © Regissercom – Shutterstock

Textquellenverzeichnis

S. 59   Chatten © Internet-ABC e.V.
S. 60   Cartoon: Cybermobbing © Nelson Martins; CC-BY-SA
S. 61 – 63   Achtung, Troll-Alarm! © Stegers, Fiete: Achtung, Troll-Alarm! In: Zeit leo
(6/2018). Hamburg: Zeitverlag Gerd Bucerius GmbH & Co. KG. S. 52-53
S. 64 – 67   Cybermobbing? Was wir tun können. © Helliwood media & education
Berlin, SCROLLER – Das Medienmagazin für Kinder, 2/2016, S.16-19; ein
Angebot von Teachtoday, eine Initiative der Deutschen Telekom zur
Förderung der sicheren und kompetenten Mediennutzung: scroller.de
S. 68 – 71   Das Handy-Experiment © König, Frauke: Das Handy-Experiment. In: DIE
ZEIT Nr. 37/2018, 6. September 2018
S. 72   Illustration: WLAN © Thomas Plaßmann
S. 73 – 75   Halter, Andrea: „Es ist cool, sich zu entschuldigen." In: Zeit leo (1/2016).
Hamburg: Zeitverlag Gerd Bucerius GmbH & Co. KG. S. 24-25
S. 76 – 78   Studie zur Mediennutzung: Die Hälfte aller Neunjährigen besitzt ein
Handy + Statements zur Internetnutzung © Kristin Haug, SPIEGEL ONLINE
07.08.2018, http://www.spiegel.de/lebenundlernen/schule/wie-kinder-
digitale-medien-und-spielzeuge-nutzen-a-1221733.html
S. 79   Illustration: Dinner © Pawel Kuczynski
S. 80 – 81   Internet-Beratung/Notfallkontakt/Telefonische Beratung
In: www.mobbing-schluss-damit.de,
https://mobbing-schluss-damit.de/erste-hilfe
S. 82 – 85   Sommersberg, Angela: So kämpft „Fräulein Chaos" gegen Mobbing.
In: www.duda.news; https://www.duda.news/welt/so-kaempft-fraeulein-
chaos-gegen-mobbing
S. 86   (Cyber)Mobbing bei Jugendlichen, laut JIM-Studie 2018. Hrsg. von:
Medienpädagogischer Forschungsverbund Südwest c/o Landesanstalt für
Kommunikation (LFK) Stuttgart: 2018. Grafik erstellt durch Mildenberger
Verlag
S. 87   Cartoon: Internet-Mobbing © Karsten Schley. In: www.toonsup.com.
http://www.toonsup.com/cartoons/internet_mobbing

Le training

Du kannst deine Lesetechnik durch regelmäßiges Training verbessern. Damit lernst du flüssig und gut zu lesen. Außerdem verstehst du besser, was du liest. Mit den folgenden Übungen trainierst du deine Augen. Du übst dabei, deine Augen sicher über den Text zu bewegen, Buchstaben, Wörter und Sätze schnell zu erkennen und dadurch flüssiger zu lesen. So verstehst du auch den Inhalt eines Textes besser. Wiederhole die Übungen mehrmals. Viel Spaß dabei!

1. Um die Sätze flüssig lesen zu können, musst du mit deinen Augen hin- und herspringen. Wiederhole die Übung mehrmals und lies laut.

„Voll langweilig, _____ oder?"

„Yes! Immer derselbe _____ Quatsch in der Gruppe."

„Die Nachrichten _____ sind langweilig."

„Die Selfies _____ sind langweilig."

„Mega!" _____ „Und die Leute sind langweilig."

Frieda und ich hingen schon eine ganze Weile in Friedas Zimmer ab. Wir lagen auf dem roten Sofa und spielten mit den Handys rum. Und was wir sagten, meinten wir auch so. Wir langweilten uns ohne Ende. Die ganze Welt bestand nur noch aus Langeweile. Na ja, fast.

Für die Schule _____ brauchten wir nichts mehr machen,

bald _____ gab es Zeugnisse.

Und draußen _____ war es so kalt,

dass wir keinen Fuß _____ vor die Tür setzen wollten.

Friedas rotes Sofa _____ war der gemütlichste Ort auf der Welt.

Hier konnte man _____ es supergut aushalten.

Wir gackerten so lange, bis es an der Tür klingelte. Wir waren allein im Haus, Friedas Eltern arbeiteten viel. Sie bekam mehr Taschengeld als die meisten von uns, war aber oft allein.

„Wer kann das denn sein?", fragte ich.

„Keine Ahnung. Vielleicht Emil." Das mit Emil stimmte, er war es.

Emil war _____ der Nerd unserer Klasse.

Wenn die anderen Jungs _____ Fußball spielten

oder Eishockey _____ auf dem zugefrorenen See,

hing er zu Hause _____ vor dem Computer ab.

Wo er auch nicht _____ etwa Spiele spielte,

sondern auf Wissensseiten _____ rumsurfte.

Außer uns beiden _____ hatte er keine Freunde.

(aus Kapitel 1, Seite 7-10)

2. Folge mit den Augen der Schrift. Lies die Sätze mehrmals laut.

Das Bild zeigte ein hübsches Mädchen mit grünen Haarsträhnen.

Du siehst aus, als hättest du einen Frosch gefrühstückt!

Das war der erste Kommentar, den Frieda zu einem der Selfies auf QM abgab.

Wir drei saßen in der kleinen Eisdiele in der Fußgängerzone. Die einzige, die auch im Winter aufhatte. Deshalb war hier ziemlich viel los.

(aus Kapitel 2, Seite 12)

3. Hier ist der untere Teil der Schrift abgeschnitten. Lies den Text zuerst leise und danach mehrmals laut.

Auch wir zogen unsere dicken Jacken, Schals und Mützen an.
Die Hände gut in Handschuhen verstaut, gingen wir zu Frieda
nach Hause. Draußen konnte man es kaum aushalten. Die Kälte
war klirrend. In dicken Wolken ballte sich der Atem vor unseren
Gesichtern.
Wir legten uns auf Friedas Sofa und schrieben zum ersten Mal
auf OM an ein paar Jungs. Die waren da viel weniger unterwegs,
jedenfalls mit Foto. Aber einige gab es doch. Manche waren
schon etwas älter.
„Der sieht ja süß aus", sagte Frieda bei Rolle 12.
„Na ja." Ich war eher skeptisch.
Frieda sah mich kurz an und schrieb dann:
Meine Freundin findet dich voll süß!
Er war online.
Wer ist deine Freundin? Und wer bist du? Seid ihr auch süß? :-)
Durch seine Antwort war unser Chat öffentlich, aber wir waren
ja anonym.

(aus Kapitel 3, Seite 16)

4. In dem Buchstabenrätsel haben sich sieben Namen von Figuren aus dem Buch versteckt. Finde sie und markiere sie mit einem Holzfarbstift.

A	D	S	E	P	H	I	L	I	P	P	V	B	N	M	X
Q	W	E	D	G	B	L	P	I	Z	K	I	R	A	P	P
E	F	R	I	E	D	A	J	H	G	F	Z	T	R	E	O
F	G	L	K	J	H	G	I	U	Z	N	E	L	E	R	W
M	A	R	C	E	L	W	D	V	C	Y	M	P	O	I	L
S	R	W	Q	R	T	U	I	L	I	S	A	E	R	I	U
L	K	J	O	I	U	Z	T	V	C	L	K	J	H	I	U
W	R	E	M	I	L	D	F	H	Z	U	I	T	R	R	E

Philipp, Kira, Frieda, Nele, Marcel, Lisa, Emil

5. Hier musst du die Wortgrenzen erkennen, um den Text flüssig lesen zu können. Versuche es halblaut zu lesen. Tipp: Wenn es dir schwerfällt, den Text flüssig zu lesen, markiere die Wortgrenzen mit einem Bleistift.

Friedahatteesnunnocheiliger,einSelfieeinzustellen.DassEmilihr abgeratenhatte,schienihrzusätzlichDampfzumachen.Keine Ahnung,warum.ManchmalhatteichdenVerdacht,dassEmilihr wichtigerwar,alssiezugab.InderPauselegtesiedenArmumden Schneemann,derseitTagenaufdemHofstand.„Selfiemit Schneemann",sagtesieundlachte.„Wenndasnichtcoolist." DerersteKommentarkamsofort:EndlichmaljemandNices!Undich meinenichtdenweißenTyplinks*grins*.Unddernächste:Dubist echtsüß.

(aus Kapitel 5, Seite 22)

94

6. Lies die Sätze laut vor. Die Lücken musst du mit den Wörtern rechts füllen.

Frieda war so _____, dass ich sie nicht von   wütend

einer Antwort _____ konnte.   abhalten

Wir waren auf der _____ im Bus.   Heimfahrt

Einen Sitzplatz hatten wir _____ mehr gefunden.   nicht

Die _____ waren glatt.   Straßen

Es fuhren viel mehr _____ mit dem Bus als sonst.   Menschen

Frieda schaffte es locker, im _____ zu schreiben.   Stehen

Obwohl der Bus _____ wackelte.   ziemlich

So ging das eine _____ hin und her.   Weile

Ich hab mein _____ ausgeschaltet   Handy

und erst abends zu _____ wieder angemacht.   Hause

Aber es war nicht besser geworden. Ganz im Gegenteil.

(aus Kapitel 6, Seite 26-27)

7. Hier sind Teile einzelner Wörter ausradiert. Lies den Text zuerst leise und dann mehrmals laut.

Am nächsten Morgen fuhren wir mit dem Rad in die Schule.

Die Straßen waren von Eis und Schnee geräumt.

Und neuer Schnee war in der Nacht nicht gefallen.

Die Luft knisterte vor Kälte und war so klar wie Glas.

Wir redeten nicht. Das war extrem ungewöhnlich.

Frieda hatte irgendwas, das stand fest. Ich fragte aber nicht nach.

Auch mir war mulmig zumute. Tausend Gedanken schwirrten

durch meinen Kopf. Und kein einziger davon fühlte sich gut an.

Als wir in die Klasse kamen, taten alle so, als würden wir *nicht*

hereinkommen. Es war, als würde es uns gar nicht geben.

(aus Kapitel 7, Seite 29)

8. Satz-Wirrwarr: Lies jeden Satz mehrmals laut. Folge mit den Augen genau der Satzrichtung.

„Du glaubst doch nicht wirklich, dass ich das war, oder?"

auf das andere Ende von Friedas Sofa fallen.

„Doch, nur du kannst Tussi sein. Wer sonst würde so was schreiben?

Ich ließ mich

Schließlich wollte mir da jemand helfen."

„Im Grunde war's ja keine schlechte Idee.

Aber glaubst du im Ernst, dass ich mich Tussi nennen würde?"

Nach ihrer Nachricht war ich zu Frieda gerutscht.

Im wahrsten Sinne des Wortes. Es hatte nun geregnet und dann gefroren.

Alles nur wegen Frieda. Aber wegen der spiegelglatten Straße ausgerutscht.

Zwei Mal war ich auf der Tussi grinste sie jetzt ein bisschen.

(aus Kapitel 9, Seite 36)